Piccola Bib

ISABELLA SANTACROCE

REVOLVER

OSCAR MONDADORI

© 2004 Arnoldo Mondadori Editore S.p.A., Milano

I edizione Strade blu gennaio 2004
I edizione Piccola Biblioteca Oscar febbraio 2005

ISBN 88-04-53824-4

Questo volume è stato stampato
presso Mondadori Printing S.p.A.
Stabilimento NSM - Cles (TN)
Stampato in Italia. Printed in Italy

www.librimondadori.it

Revolver

ad Andrea,
amico e maestro

Vorrei poter dormire
come la gente normale.

JOHN MERRICK, *The Elephant Man*

MIRA

Siamo usciti. Hai aperto la porta e l'hai fatto. Guardarmi. Così. Ero già fuori. C'erano passanti. Lo sai ti odio. Non sembravi sorpreso. Quasi avessi detto lo sai ti amo. Avrei potuto gridare lo sai ti uccido. Lo sai ti amo. Lo sai certe volte vomito al pensiero d'averti addosso. L'odore del tuo cazzo. Tutte le volte che non vuoi andartene. Quando mi stringi troppo. Vattene. C'erano passanti. Avrei voluto essere uno di loro. Non conoscerti. Proseguire oltre. Lasciarti sul marciapiede. Respirare. Ti avvicinavi alla macchina. Mi facevi salire. La coppia di sera verso il ristorante peggiore. Ghigliottina. La strada illuminata dai fari. L'asfalto illuminato da noi. Semaforo. Bacio. Il profumo del tuo collo m'impicca. Mi guardi. Ti giri e lo fai. Mi giro e lo faccio. Guardo. Ti guardo. Lo sai ti odio. Ridi. Hai riso. Pensi sia divertente. Hai pensato così. La pazza che ami vuole farti divertire. La solita strada davanti. Ristorante troppo lontano. Sempre distante. Ti senti in gita. Accendi la radio. L'hai accesa. Musica stupida. Ritornello. Muovi la testa. Canticchi. Spensierato. Fai pena. Mi facevi schifo. Tristezza. Qualcos'altro d'orribile. Povero illuso. Scemo. Ci sono autostoppisti sulla destra. Due maschi. Giovani uomini. Ragazzi. Neri. Dico fermati. Ridi. Ridi molto. Grido

11

fallo. Fermati subito. Sei tutta matta. Siamo in ritardo. Ho fame. Fermati. Fermati o mi butto. Freni. Torni indietro. Dici ok. Retromarcia. Contenta adesso? Spalanco la portiera. Ciao ragazzi un passaggio. Angelica stai esagerando. Smettila. Andiamocene. Non ho intenzione di fare salire nessuno. Dico prego riusciamo a darvi uno strappo. Angelica inizio ad arrabbiarmi. Salgo dietro. Dico uno può venire con me. L'altro davanti. Scendi dall'auto. Batti pugni sul mio finestrino. Adesso basta. Sale dietro il primo. Imprechi. Cammini avanti e indietro. Cammini male. Non hai classe. Mai avuta. Sempre saputo. Sale il secondo davanti. Ci guardi perplesso. Arrabbiato. Stupito. Torni alla guida. Testa tra le mani. Incredibile. Sussurri questo. Mi osservi. Più che mai straniero. Mi fai sentire morta. Una sedia che aspetta. Urli scendete dalla macchina. Anche tu. Sei pazza. Sei stronza. Sono troia. Sono bagnata. Sono in calore. Ho voglia. Ho voglia. Amami. Era buio. Dappertutto. L'ho tirato fuori al negro. L'ho succhiato al negro. Era duro. Mi hai preso per i capelli. Puttana. Succhiavo. Ho alzato gli occhi solo un istante. Vederti immobile. Terrorizzato. Fottiti. Sto male. Il negro mi prende a schiaffi. Non siamo stati mai innamorati. Non ho amato nessuno. Mi sento sola. Sperduta. Smarrita. Vorrei mi aiutassi. È buio. Siamo soli. Deserto. Insulti i ragazzi. Brutti bastardi. Li chiami così. Iniziano a picchiarci. Sei a terra dietro la macchina. Ti prendono a calci. Non so che fare. Sto male. Sangue. Schiaffi. Dicono puttana bianca. Mi alzano la gonna. Strappano. Entra dentro. Mi fotte. Mi sbatte. Cofano contro il ventre. Urli ma non puoi fare niente per me. Sei in ginocchio. Calci allo stomaco. La radio accesa. Volume altissimo. Sapevo sarebbe successo. Un anno fa. Non ti ho più rivisto. Credo sia la cosa migliore rimanere lontani ora. Per sempre.

Ci siamo conosciuti. Era primavera di compleanni. Una festa d'amici. Avevo amici da poco. Prima ero un'altra ma non lo sapeva nessuno. Ero diversa. Identica derelitta. Vivevo con una zia affetta da sclerosi multipla. Con quel tricheco sulla sedia a rotelle. Dovevo pulirla. Sfamarla. Diventare il suo ossigeno. Dovevo ascoltarla. Parlarle. Diventare sua figlia. C'era qualcosa tra noi che c'avvolgeva come un nastro in metallo. Un sentimento perverso. Malato. Pieno di croste. Io non l'amavo. Non l'amavo per niente. Per lei nutrivo un variegato disgusto. Righe grosse là in mezzo di pena resa drammatica dalla tenerezza. Avrei voluto essere santa. Fare miracoli. Farla rivivere. Farla crepare all'istante. Mi ossessionava il pensarla. Cercavo di estrarla dalla mia mente. Un esercizio implacabile. Meticolosissimo. Da pinzette per sopracciglia. Negli ultimi tempi riuscivo a dimenticarla. Per questo aveva iniziato a odiarmi. Sentivo quell'amore all'inverso assorbirsi come crema idratante sulla mia pelle. Scatenarmi l'istinto del crimine. Portarmi a pensare a quel gesto. A quel lancio. Una finestra spalancata con forza. Il vento a riempirmi la bocca. Poi il resto. Poi farlo. Scaraventarla di sotto. Nient'altro. Non riusciva più a leggere. Un tempo era stata maestra. Non riusciva più a coltivare le ortensie. Non riusciva più a guardarsi allo specchio. Le lavavo i capelli coi guanti di gomma. Certe volte non riuscivo neppure a finire. Le lasciavo il sapone. M'aggrediva l'angoscia. Aspiravo sigarette come una turca. Continuamente. Una tabagista da mostra. Avrei vinto il concorso miss nicotina nel mondo. Veniva una donna del piano di sotto a farle il bagno a pagamento. Una volta ogni sei giorni l'apparizione terribile. Lei senza vesti. Lei tutta nuda. Dovevo dare una mano per infilarla in una vasca cortissima. Sbraitava che le sarebbe venuta la ruggine. Quell'appartamento era una rivoltella che sparava ai miei sogni. M'illudevo sempre sarebbe

13

successo qualcosa di bello. Io Cenerentola. Andare a un ballo. Scarpette in cristallo. Un imbecille. Stavo là in alto. All'ultimo piano di un grattacielo dimenticato da tutti. C'erano ascensori buissimi. La luce assente da anni. Non veniva nessuno a trovarci. Nessuno a chiamarci. Farci una visita. Nessun amico o parente. Solo foto incorniciate sopra dei mobili. Quegli estranei da avere in ricordo. Mio padre. Mia madre da giovane. Mancava del marmo a tenerli. Non erano morti. Non c'erano e basta. Mi mancavano a volte. Mi mancavano spesso. Non volevo parlarne. Era tabù da ficcare in memoria. Là dentro. Là in fondo. Abbassare il coperchio. Stai zitta.

Avevo gli amanti. Mi servivano per sopravvivere. Li chiamavo i catturati nelle passeggiate. Mi vestivo come una troia da catalogo. La gonna. I tacchi. Il rossetto. Scendevo nell'ascensore coi neon fulminati da secoli. Camminavo sculettando nei viali di quella città. Bevevo nei bar di quella città. Mi chiedevano il nome e poi il resto era uguale. Mi seguivano nella camera squallida. Chiudevo le tende. Allargavo le cosce. Godevo come una porca. La zia mi chiamava quando gridavo nell'amplesso. Chiedeva Angelica cosa succede. Non le rispondevo. Mordevo il cuscino. M'arrapavo moltissimo. Poi una notte l'ho fatto. Pensarmi. Dire ora basta. Coraggio. Io devo andarmene. Fare fagotto. Nella tormenta. Vattene adesso. Prova a risorgere. Dai che puoi farcela. Sei così immensa. Una briciola.

Stavo in poltrona quando ho deciso di togliere le tende. La tv accesa. Le ballerine in tempesta. I telefilm con gli attori di plastica. Le puttane coi cazzi. I disastri del crimine. Cambiavo canale con la mano sinistra. Il telecomando puntato quasi fosse un revolver. Cercavo qualcosa di pornografico. Per la pornodiva che ero. La star numero uno della sofferenza.

Ci siamo conosciuti in primavera io e Gianmaria. Compivo gli anni un'altra volta. Ne possedevo già ventotto di una vita devastante. Lavoravo in una fabbrica grigiastra già da tempo. Più di un anno. Incollavo occhi di plastica alle bambole. Gli donavo sguardi immobili. M'imbrattavo con la colla. Questo è tutto. Ero scappata quella notte. L'avevo abbandonato quel tricheco sul trabiccolo. Sulla tavola un biglietto. "Vado via. Non cercarmi. Non ritorno." Avevo il corpo pieno d'angoscia. Una vita piena di merda. Volevo provare ad andarmene. Volevo provare a esistere. Cercavo un'esistenza migliore. Diversa. Coi fiocchi. I merletti. Ho trovato la stessa identica stronza battaglia. Da potente bomba atomica. Da corazza sopra il petto. Da guerriera lancia frecce acuminate. Da suicidio.

Ho viaggiato sopra un camion fuggendo un po' da tutto. Un po' da niente. Per giorni l'ho fatto stando ferma. La valigia tra le gambe. Sguardo fisso avanti. Divorando sigarette. M'aveva tirato su questo gigante. Alzavo il pollice nel buio. Sola. Sul ciglio. Tremolante. S'è fermato a caricarmi. Era alto. Con la gobba. Non riusciva a stare dritto. Schiena curva per non sbattere la testa contro il tetto. Non chiudeva mai la bocca. Parlava di Dio e degli apostoli guidando. Diceva che Dio abita sulle nostre dita. Che ne disegniamo la forma muovendole a ritmo. Lo tracciava nell'aria. Un crocefisso fluorescente sul petto. Dei rutti. Lattine di birra appoggiate sopra il cruscotto. Quella strada mai percorsa. Linea bianca sull'asfalto. La fissavo mordicchiandomi le unghie. Immaginavo s'aprisse all'improvviso una voragine. Per punirmi. Risucchiarmi. Riportarmi in quella cella. Dalla zia sulle rotelle. Mi veniva voglia di buttarmi. Aprire la portiera. A peso morto. Centrare un fosso. Di rinascere serpente. Uccello variopinto. Una finestra. Un cucchiaio chiuso in un cassetto.

Abbiamo viaggiato per chilometri incredibili. Dormivamo dentro il camion. Nei parcheggi. Io la marchetta. La puttana da rimorchio. Mi lavavo ai cessi pubblici. Mangiavo merendine all'albicocca. Ascoltavo barzellette. Facevo i cruciverba. Lui mi palpava le tette a intermittenza. Non ne potevo più. Volevo scendere. Il terzo giorno ho deciso di fermarmi. Giusta distanza. Il posto adatto. Quel gigante non voleva me n'andassi. Rimani qui fino a domenica. Ti compro l'abito. Andiamo a cena. Salmone e gamberi. Facciamo festa. Lo salutavo dal marciapiede. Con la manina. Vattene stronzo.

C'era una piazza. Il cielo grigio. Pochi passanti. Un luogo assurdo. Sopra Saturno. Delle panchine piene di vecchi. La chiesa in mezzo. Lo smarrimento. Un nuovo spazio. Che faccio adesso. Era freddo. Era inverno. Era triste. Ero sola. Avevo bisogno di un punto di riferimento. Mi sono avvicinata a un ragazzo con le bottiglie d'acqua in un carrello. Gli ho chiesto dove andava. L'ho seguito in un maneggio. Si chiamava Lavinio. Puliva le stalle. Mi sorrideva arricciando le labbra. Inclinando le sopracciglia. Sembrava di carta. Disegnato a pennarello. Avrei potuto incendiare il suo corpo. Bucarlo con la mia sigaretta. Parlava guardando per terra. Indicava le bestie. Se vuoi puoi cavalcare senza spendere niente. Sembri simpatica. Sei troppo triste. C'era un campo recintato. Dei cavalli nell'interno. Sono andata in mezzo a loro. Ho abbracciato quello bianco. L'ho montato dolcemente. Galoppavo con lui al fianco. Cento giri tutt'attorno. Nel vento. Nel gelo. Nell'erba. Nel vuoto. Guardavo la valigia appoggiata sull'erba. Ero stanca. Ero impaurita. Era nuovo. Stesso identico non senso. Ha iniziato a nevicare. Mi diceva di scendere Lavinio. Il cavallo aveva freddo. Lo riporto nella stalla. Una bufera tutta bianca che crollava giù dall'alto. Mi si attaccava sulla faccia. Sui capelli. Sul suo muso. La criniera. Dirompeva dentro agli occhi. Lo frustavo con le mani. Lui correva come un pazzo. Attraversavo la foresta dei miei sensi di colpa. Arrivavo dentro l'ascensore tutto buio. Nel grattacielo dei defunti. Ritornavo dalla parente sulla seggiola. Mentre cavalcavo lo sapevo dove stavo. Lontanissimo da lei. In un corpo a corpo. Percorrevo piani chiusa dentro. Arrivavo alla sua porta. Lei m'apriva sporca di sangue sulla faccia. Mi gridava cose brutte. Le sentivo quelle urla che abbaiavano. Avevo un cane nello stomaco. Mi divorava le budella. Come quella volta che ero rimasta intrappolata nell'ascensore senza luce. Con un signore grasso. Col suo dalmata. Mi abbaiava contro. M'entrava nella pancia. Il padrone non capiva la sua rabbia. Non sapeva io ci fossi. La bambina premuta contro un angolo.

Premevo il culo sulla sella come una cavallerizza. Lavinio mi urlava disgraziata avanti scendi. Mi sono buttata a capofitto dentro il fango. Sono corsa via sporca di terra. Sbattevo forte le mie braccia. Desideravo avere ali potentissime. Avrei voluto salire dove c'era dell'azzurro. Dove c'era un'altra terra. Alla scoperta della gioia. Quella extraterrestre.

Quando ci siamo conosciuti era primavera e puzzavo di plastica. Li sognavo quegli occhi. M'assomigliavano. Come me non vedevano niente. Avevo trovato quel lavoro del cazzo. In quella città. Dopo due notti all'aperto. I crampi allo stomaco. Ero nella catastrofe. Ripetevo ogni giorno quel gesto. Incollavo pupille sintetiche. Cercavo di non arrendermi. L'avevo rannicchiata nelle orecchie la zia con la sclerosi multipla. Mi parlava sempre. Diceva ritorna. Diceva sei una piccola pazza. Cercavo d'immaginarla già morta. Rinsecchita nella sua fossa. Un mazzo di fiori a decorarne la lapide. Una foto sbiadita incastonata come un brillante fasullo. La terra umidiccia e nessuno a pregarla in ginocchio. Mi graffiavano il viso i tormenti per aver avuto il coraggio di farlo. Mollarla. Ero stata rintracciata da un'assistente sociale. Era successo un mattino. Pioveva. Stavo dritta conficcata nel deserto. Una bandierina picchiata dal vento. Mi aveva raccontato di lei tutta sola sul suo brutto trabiccolo. Diventavo il carnefice. Mi spuntavano denti cariati a ricoprirmi le labbra. Avevo la forca. Bambini dentro a dei sacchi. La voglia di farli a pezzi. Mangiarli. Ero una strega cattiva col naso più grosso di una patata transgenica. Un'assassina col rischio d'ergastolo. Mi aveva raccomandato con voce gentile di farle una visita. Rimanere ancora qualche anno al suo fianco. Darle la possibilità di crepare tra un po' d'affetto. Il capezzale. Le giuste carezze. Farla pisciare sul water. Metterle la padella nel letto. Farle le pappine coi microgranuli. Avere pazienza. Angelica a tutti succede di diventar vecchi. Le ho risposto di getto. Non rompermi i coglioni. L'ho ripetuto tutto il giorno incollando quegli occhi. Non rompermi i coglioni. Già lo conosco a memoria l'inferno.

Abitavo in una pensioncina da derelitti. La carta da parati che si srotolava se battevo le mani. La porta a soffietto bucata dagli spioni. C'infilavo la carta. Usavo il bagno in comune con gli altri. Era in fondo al corridoio. Sporco di cacca. Nella cameretta avevo un piccolo lavandino in cui pisciavo di notte per non uscire nel freddo. Nascevano gli scarafaggi dentro l'armadio. Di notte guardavo la luna scaraventarsi contro i vetri della finestra. Mi scaraventavo sopra la vita degli altri. Mi fottevano tutti. Ospitavo nel mio corpo chiunque. L'ho sempre fatto. Farmi occupare dai maschi. Buttare fuori me stessa. Le donne al lavoro spettegolavano sul mio conto. Mi chiamavano la puttanella. Per gli uomini era diverso. Per loro ero la principessa. Lasciavo mi graffiassero il ventre. Li prendevo nella mia bocca. A uno a uno. Come caramelle. Mi ero convinta che solo così riuscivo a esistere. Cercavo l'esaltazione del corpo. L'orgasmo finale a riempirmi. Mi s'era raccolto tutto l'interno là dentro. Nella fica avevo il cuore e il cervello. I polmoni. L'anima foderata di carta. Ero nata solo per quello. Quello che sono. Una donna da sbattere. Non sono una donna. Sono un ovetto dentro una ciotola. Dammi il tuo cazzo e trasformami. Uno zabaione bello liquido. Versami addosso il tuo sperma.

Solo una ragazza era come me. Veronica-culo-da-favola. Un culo da rimanerci di stucco. E poi quell'indomabile dolcezza. Riuscivi ad addomesticare una belva feroce ma non il suo modo di porgersi agli altri. Lavorava alla mia sinistra. Un camice azzurro. I capelli raccolti sulla sua timidezza. In fila con gli operai dalle mani sporche di colla. Un maestoso orologio collocato in alto sulla parete davanti. Un ornamento a ricordarci cosa stavamo facendo. Attraversare gli orari. Procurarci il denaro necessario per mantenerci in vita fino al taglio del nastro a precedere l'annientamento. Il calare del sipario. L'ingresso nel paradiso dell'operaio indefesso. Un applauso. Moriremo tutti coi polmoni ripieni di piombo.

Veronica-culo-da-favola abitava come me alla pensioncina-scarafaggio. Stanza in fondo al corridoio. Un adesivo della Ferrari sopra la maniglia. Diceva. Questa non è una camera. È un'auto velocissima. Chiudo la porta e mi scaraventa in un secondo nell'incubo. La sua famiglia abitava in campagna. Allevava conigli. Avevano dei box in alluminio con dentro gli animaletti. Lei da piccola doveva aiutarli. Pulire le cacchine. Vederli crescere. Non affezionarsi. Venivano alla fine uccisi tutti. C'era la strage del sabato sera. Vedeva a un certo punto quelle lunghe orecchie bianche distese una sopra l'altra

come tulipani nelle casse. Faceva sogni in cui spuntavano all'improvviso dall'erba. Vasti campi d'orecchie di coniglio tremolanti. Appena ha compiuto diciotto anni ha
deciso di spostarsi. Di smettere d'assistere allo scempio.
Di trovarsi un lavoretto in città. All'inizio come cameriera in un ristorante per coppiette. Poi come dattilografa in
un ufficio di collocamento. Infine in quella fabbrica di
bambole. Non aveva mai goduto troppo. Credo fosse
per questo che faceva sesso di continuo. Per l'amplesso.
Certe sere ci ubriacavamo come stronze. Stappavamo le
bottiglie nella mia camera da letto. Puntavamo il cannoc-
chiale contro le case di fronte. Spiavamo la vita degli altri. Le coppie che s'abbracciavano. I bambini in braccio
alle mamme. I baci della buona notte. Cercavamo dolcezza. Cose belle tra montagne di lotta. Altre notti se non
scopavamo coi maschi andavamo a rubare le piante nei
cortili dei ricchi. Ci abbellivamo le stanze. Cercavamo di
renderle meno indecenti. Veronica-culo-da-favola sogna-
va l'amore. Avrebbe voluto innamorarsi ogni volta. Glielo sbattevano dentro con furia. Cercava di nobilitare col
sentimento quel gesto. Per me era diverso. Io volevo il
sogno stesso. Quella cosa tutta morbida. Ne ho collezio-
nati sempre tanti di quei sogni che vorrebbero riempirsi.
Sogni vuoti. Il loro involucro. Sogni che attendevano il
miracolo. Animarsi. Pensavo che rendendone uno
grande li avrei sfamati finalmente. Lo vedevo quel gigante. Mi fissava da qualche parte lontanissimo imprendi-
bile. Non bastava un salto degno dell'acrobata. Ne servivano duecento per raggiungerlo. Stava fermo collocato
tra le stelle. Sarei riuscita prima o poi a strapparlo dallo
spazio con i denti. Ci voleva l'esercizio. Superare con lo
sforzo dei livelli. Afferrarlo e poi sorridere. Tenerlo stretto tra le braccia e sentirmi la quiete tutta dentro. Man-
giarlo fino all'ultimo e poi iniziare a vivere.

Veronica-culo-da-favola mi dava coraggio in quella

mia rincorsa verso l'invisibile. Quell'amica per me era
importante. Anche lei una merendina per porci.
    M'incollavo gli occhi alle guance. Lo facevo per farla
sorridere. Far sorridere Veronica-culo-da-favola. Dicevamo non siamo mai tristi. Lo siamo il doppio. Incolla-
vamo gli occhi dicendo è tutto triste. Tristissimo. Lo era
davvero. Triste. Hanno occhi tristi queste bambole. Sorrideva. Sono triste. Abito a triste. Sembrava il nome di
un paese in cui vivere. Vivo a triste. Addio.

    Ci siamo conosciuti il giorno del mio compleanno.
Collezionavo anni controvoglia. Erano farfalle confic-
cate da spilli. Chissà se un giorno riuscirò a venderli.
Un mercatino sovrastato da un'insegna. Angelica liqui-
da tutto. Ventotto anni al prezzo di cinque. Dio cristo.
Era primavera. Ricordo che c'era. Una primavera di
quelle maestose che fanno paura. Una primavera che
faceva sbocciare di tutto. Aprivi le finestre e ti prendeva a cazzotti. Avresti dovuto essere felice per forza. Godere del filo d'erba. Della rugiada su quella foglia. Del
tuo passaggio su questa terra del cazzo. Stavo diventando un'alcolista. Le ho usate sempre molto la fica e la
bocca. Bevevo e scopavo come un'ossessa.
    Una sera m'è venuto un attacco di panico. Mi è ve-
nuto perché il giorno dopo era in arrivo l'evento. Il
mio compleanno. La festa coi palloncini e la torta. La
torta e le fiamme. La stanza con le stelle filanti impic-
cate al soffitto. La piccola orchestra. I pacchetti col fiocco. L'ultimo soffio. Coraggio. Spegnile tutte. Riparti.
Sei bella. Una troia da rivista. S'era organizzata una festa. Era stata un'idea di Veronica-culo-da-favola. Se
proprio insisti. Se credi sia necessario le avevo detto.
Ci avevano prestato una soffitta che pareva una scatola
senza finestre. C'è voluta una settimana per addobbar-
la alla meglio. C'era la puzza. La muffa. Senz'aria. La

lista lunghissima. Tutti invitati che conoscevamo. Qualche esordiente. Tra questi anche lui che non ho visto per niente all'inizio. Quella sera vedevo in modo distorto. Mi si dimezzava la vista. Avevo la zia paralitica in mezzo alle ciglia. Se abbassavo le palpebre me la ritrovavo davanti col grugno. La bava alla bocca. Alzavo gli occhi di scatto per farla sparire del tutto. Me la buttavo dentro alle orecchie. Stai zitta. Di Gianmaria mi hanno colpito solo i capelli ma in maniera distratta. Li aveva rossi come quel fidanzatino dei miei diciott'anni. Facevo la commessa in un negozio di souvenir da turisti. Di palle di neve con dentro la neve nell'acqua e i monumenti sommersi. Il padrone mi pagava gli straordinari se glielo sbattevo ogni tanto. Era un cinquantenne che aveva fatto teatro da giovane. Un attore fallito con la moglie ex modella e due figli che si drogavano aspirando i collanti. Mi metteva in ginocchio. Dovevo pregarlo a mani giunte all'inizio e poi afferrarlo di corsa quasi fosse un uccello che stava passando. Avevo perso del tutto ciò che si chiama rispetto. Desideravo diventare ricca e andarmene.

C'erano sempre collezionisti in negozio con le lenti d'ingrandimento. Studiavano ogni dettaglio degli articoli in mostra. Non vedevo l'ora di tirare giù la serranda. Salire sulla decappottabile del ragazzo con la chioma fiammante. Uscivo con lui per la macchina. Mi faceva guidare ogni tanto. Lo faceva per toccarmi le gambe. Stavamo tutto il tempo dentro quell'abitacolo. Non sapevo quant'era alto. Lo vedevo solo al volante. Correvamo tantissimo ed era grandioso. Eravamo quel fulmine. Talmente veloce da diventare invisibile. Mi veniva a prendere a fine lavoro. Lo sentivo frenare facendo fischiare i pneumatici. Salendo fantasticavo d'andarmene. Chilometri. Galassie di chilometri. Ancora più in là. Non fermarti. Ancora più forte. Più in fondo. Nel mare. Dove s'annega. Dove non tocco e tutto è magnifico. Mi pettinavo guardandomi allo specchietto. Facevo finta di essere con mio marito in vacanza. Lui era un uomo brillante che m'amava moltissimo. Andavamo nella nostra villa con gli alberi. Ne avevamo diverse dove passare del tempo. Una sui monti. L'altra in campagna. Gli dicevo mio caro quanto sono felice. Gli prendevo la mano. Lo baciavo sul collo. Mi diceva ti manca qualche rotella. Poi m'alzava la gonna. Stai ferma. Il giorno in cui per sbaglio gli ho bruciato la tappezzeria con la sigaretta. Quel giorno è finita la storia. Ha detto trovati un altro. Vieni dopo i fari dell'auto.

Gianmaria aveva gli stessi capelli di quel bastardello. Se ne stava distinto in disparte. Le braccia allineate ai lati del corpo. In giacca e cravatta. Lo sguardo un po' dolce annebbiato dalla timidezza. Un attaccapanni su cui appendeva se stesso. Mi guardava rimanendo a distanza. La sua presenza incastonata come un gioiello di vetro ficcato in un angolo. Mi sbronzavo di brutto. Dài che puoi farcela. Tu sei così immensa. Una briciola. Avevo l'alcol ad appiccicarmi la faccia. Barcollavo danzando. Cadevo per terra. Mi rialzavo implacabile. Ricominciavo imperterrita. Agguantavo bottiglie. Colpivo le bocche. Mi abbuffavo di lingue. Luce soffusa da crimine. Coraggio dài annientati. Sei una catastrofe. Dài mìrati. Colpisci quel cuore che palpita. Che sia piatto il suo battito. Forza stravolgiti. Tu sei la principessa del regno in cui tutti si usano. Non puoi risorgere. È tutta una balla. Possiedi un destino coi muscoli. Lucente più di una sciabola. La stessa potenza che sa sottomettere. Schiava rimani al guinzaglio. C'era la musica. Mi sbattevo a destra e a sinistra. Quando è arrivato il momento d'affrontare la torta sono crollata sul tavolo e lui m'ha raccolta. Ridevano attorno quegli altri. Ridevano forte e lui m'ha tirato su il corpo. Come l'ha fatto. L'ha fatto con grazia. Quasi fossi cristallo che un niente può rompere. Ed era diverso dalla colluttazione dei corpi che conoscevo. Dal modo in cui mi prendevano senza rispetto. E in quel momento ho capito che c'era dell'altro per una donna. E per la prima volta ho sentito la dolcezza di un maschio. E ho pensato che era quello il mio sogno grandissimo. Stavo stretta nelle sue braccia. Un angelo a sollevare la derelitta. Io sul suo petto. Infilata come una spilla. E anche se quell'uomo non mi piaceva mi piaceva moltissimo. E anche se non l'ho mai amato l'ho amato in maniera intensissima. Perché io non ho mai amato nessuno. Nemmeno me stessa.

La prima sera. La sera in cui m'ha strappata. Raccolta. La sera stessa io sono entrata nella sua casa. Ero fra le sue braccia. Ridevano tutti. Mi era caduta la faccia in mezzo alla torta. Avevo la panna mista al vomito anche sugli occhi. Non ero riuscita a rimanere dritta dopo quei soffi. Ricordo le piccole fiamme di sotto. Io nell'ultimo piano delle lucidità tutte perse. Ero in altissimo. Le guardavo aspettarmi. Spegnici dài sei in ritardo. Siamo i tuoi anni non ci riconosci? Quelli vissuti disperatamente. Siamo mostruosi e non ci piace essere troppo visibili. Stiamo bruciando. Diamo spettacolo. Su ora buttati. Dacci quel fiato che serve a riportarci le tenebre. Sai mi parlavano. Diritti. Conficcati come frecce in un cilindro di zucchero. Ho contratto le labbra perché m'uscisse del vento. Avevo i polmoni che si soffocavano. La gola come una porta di ferro che non riesci ad abbattere. Sentivo le gambe inclinarsi. Il bacino fiondarsi in avanti. Mi si scioglieva la spina dorsale. Era ghiaccio caduto dentro acqua bollente. La debolezza. Il sentore della disfatta. Un abuso etilico che mi confondeva la vista. Si centuplicavano le candeline là in fondo. Diventavano battaglioni di soldatini che mi violentavano la perseveranza. Cazzo ora molla. Cazzo ora crolla. Stiamo ancora attendendo. A quel punto ho preso la forza dai gomiti. Li ho puntati contro lo stomaco. Una corsa a ostacoli tra le budella. Mi sono piegata abbassando la testa. Cercavo dell'aria da dentro. Quella che s'era nascosta tra i muscoli. Tra le pieghe del cervello. Ai fianchi del fegato. All'ombra dell'anima. Porca puttana da qualche parte doveva pur esserci. Mi sforzavo di emetterla. Cantavano attorno. Filastrocche da compleanno. Mi è uscito un conato di vomito. Potente. Uno spruzzo. Una pompa che parte. Travolge la torta. La sporca. Un bel tuffo dalla mia bocca. Silenzio. Collasso. Sono svenuta là in mezzo. Ho aperto le braccia. L'esordio di un volo. Atterraggio. Il morbido della panna a risucchiarmi la testa. Riposo. Altre risa. Un applauso di gola. Le iene. Alzavo con fatica le palpebre e vedevo quegli invitati digrignare le ossa. Veronica-culo-da-favola riversa per terra. La gonna tirata sopra la pancia. Non riuscivo a riprendermi. Volteggiava il soffitto. Ero sopra una giostra. Girava sbattendomi. Mi mostrava la gente deridermi. Abbassare dei pollici. Godere della disgrazia. Lui quella volta è stato incredibile. Eroico. Un grande. Uno da mille medaglie. Da monumento in mezzo alla piazza. Lui m'ha raccolta. Capisci l'ha fatto. M'ha strappata con quella delicatezza che non avevo mai visto. E quando m'ha presa tra le sue braccia forse gli ho detto ti prego aiutami. Ti prego aiutami. Sollevami. Dammi le ali che hai sopra il collo perché io possa farcela. Ho appoggiato la mia faccia sporca sopra la sua spalla. Un valzer immobile. Poi quei passi. Lenti. Precisi. Che scivolavano. Mi trasportavano da un'altra parte. Dove c'era l'ossigeno. Forse l'ha fatto telecomandato da forze fantastiche. Grazie a voci fortissime. Ero un fiore sputato dal fango. Un pesce rosso picchiato dall'acqua. Un passerotto strangolato dall'aria. Un'imbecille. Dentro la macchina puntavo la testa tra le sue gambe. Erano calde. Un nascondiglio. Sentivo la strada entrarmi nei piedi. La sua mano accarezzarmi la schiena. Ero nell'ambulanza. Non dovevo più avere paura di niente. Andavo a salvarmi.

Lo so fare meglio dei pompini. Lacrimare dagli occhi. Quando sono entrata in quella casa l'ho fatto. Sedermi all'ingresso e rigarmi gli zigomi. Era tutto talmente pulito. Ordinato. Senza miseria. Mi sentivo come l'uomo elefante quando il dottore lo salva. Lo veste. Gli dà una stanza. Lui che viveva dentro una grotta. Ricordo che sono andata nel bagno. Ho fatto la doccia. Quando sono uscita è stato come uscire per la seconda volta dal ventre.
Pensavo adesso mi sveglio e rivedo la merda. La mia stanzetta. La pensioncina. La porta a soffietto col buco là in alto. Il lavandino dove piscio di notte. Gli scarafaggi. Avevo paura ci fosse la trappola. Ora mi scopa e poi mi ributta nella tempesta. Lo guardavo prepararmi la camomilla in quella cucina moderna. Era gentile. Un eroe. Un'aureola sopra la testa. Era tutto per me in quel momento. Ero folle. Ero sbronza. In frantumi. Con tutto da perdere. Sono andata e l'ho fatto. Stava ai fornelli. Mi sono messa in ginocchio. Ho cercato il suo cazzo. Volevo succhiarlo. Fare la professionista. Convincerlo. Sono la donna della tua vita. Lo sento. Mi ha stretto la testa. Non farlo. Mi ha stretto le spalle. Adesso non voglio. Mi ha stretto le braccia. Aspetta un momento. Mi ha alzato da terra. Umiliazione. Rifiuto. L'inferno. Che stupida. Mi vedevo già ritornare alla festa. Dire sto meglio. Allargare le cosce. Farmi toccare le tette. Prendere uccelli. Risvegliarmi il mattino in ritardo. Incollare gli occhi alle bambole. Guardare la luna scaraventarsi contro la mia finestra. Cercare con Veronica-culo-da-favola

di sopravvivere all'attacco della solitudine. Quella più povera. Infima. Senza speranza. Ci siamo seduti sul divano dopo il misfatto. Mi accarezzava i capelli quasi fossi un'idiota. Una pazza dopo la crisi isterica. Seguitava a compatirmi con calma. Da eroe s'era trasformato in qualcos'altro di orribile. Era scivolato al lato opposto in un attimo. Un prete di parrocchia. Un assistente sociale volontario. Lo avevano agganciato per riportarmi al grattacielo dalla vecchia. Ecco il perché di tanta gentilezza. Ecco la truffa. Sarebbero arrivati i carabinieri con le manette ad arrestarmi. Sentivo le sirene spiegarsi come vele di cotone in mezzo al vento. Sarebbero seguiti gli interrogatori. Perché l'ha lasciata tutta sola. Lei è un'assassina. La poveretta è morta di fame invocando il suo nome. Crepacuore. Ictus. Infarto. Varicella. Una disgrazia. L'ansia m'assaliva anche i polpacci. Dovevo andarmene subito. Svignarmela presto. Bermi tre vodke. Mi sono alzata di scatto. Mi sono alzata e l'ho detto. Grazie mille. Ho fatto tardi. Ci vediamo un'altra volta. Mi stavo rivestendo quando m'ha abbracciata bloccandomi. Ti prego rimani con me questa notte. Colpo di scena. La platea nel silenzio. Fumi bassi sul palco. Un applauso. Abbiamo fatto l'amore sul letto. Cuscini che profumavano di violetta. Tendine di pizzo. Posizione del missionario. Non ci sapeva fare per niente. Andava bene lo stesso. Ho dato tutta me stessa. Anche il sangue. Fingevo mi piacesse tantissimo. Ansimava come una vacca. Mi alitava con grazia sul collo. Guardavo la radiosveglia. L'associavo ai ricordi. Uscivo a vent'anni con un rappresentante di radiosveglie. Tiravamo la cocaina sopra a quei marchingegni. Le sporcavamo di bianco. Era un ragazzetto di bassa statura con un profumo d'erba marcita sotto la pioggia. Un poco di buono che balbettava. Col pene piccolo. La prima volta che abbiamo fatto sesso in casa della cugina con cui abitava ha pianto a dirotto. All'inizio non ci riusciva. Io guardavo il soffitto cercando risposte. Cercavo qualcosa che si muovesse. Sua cugina era sveglia. A un certo punto senza bussare ha spalancato la porta.

Ha chiesto se volevamo mangiare il pollo sott'olio. Me ne stavo nuda distesa. La seguivo appoggiare sul letto quel piatto. Quando se n'è andata m'ha preso con forza. Me l'ha messo dentro con rabbia spingendomi la faccia tra quell'animale a pezzi. Come allora fissavo lampeggiare dei numeri. Li vedevo in modo diverso. Desideravo fermarli. Tappargli la bocca. Rimanere nel letto. Lì dentro. Diventare una donna non piegata dal vento. Avrei fatto di tutto pur di restare. Camminare sui chiodi. Fare mille fioretti. Parlavo a Dio in silenzio. Ti prego fai questo miracolo. Diventerò una casalinga perfetta. Una santa. Te lo prometto. Sono sincera. Ti supplico. L'ho stretto. Le mie braccia un laccio emostatico. Il suo cazzo appoggiato a una coscia. Gli avevo rallentato la circolazione sanguigna. Sei l'uomo dei sogni. Versavo sul cuscino le lacrime. Serravo il suo corpo. Una morsa. Una scena patetica. Genuflessa come una monaca. Lui il mio rosario. Percorrevo con le dita la superficie del suo corpo tremando. Se pensavo all'esterno vedevo una nebbia fittissima. M'avrebbe inghiottito nel vortice della violenza del dubbio. Vivo o son morta. Non m'abbandonare gli ho detto. Gliel'ho detto senza vergogna. Ritegno. L'estraneo prescelto ad adottare la sfortunata orfanella. La piccola fiammiferaia nuda nel ghiaccio. Credo d'averlo commosso. Toccato qualcosa all'interno. Forse aveva bisogno di una domestica. Diventerai la mia donna. Incredibile. Luci della ribalta. M'ha sussurrato la frase magica. Una soap opera. Credo d'averti cercata da sempre. Quando mi ha messo la lingua in bocca ho capito che non stava scherzando. Era una di quelle cose assurde e fantastiche che a volte succedono. L'ho ripetuto per ore a me stessa. Volevo convincermi. Lui stava dormendo. Russava col fischio. L'ho ripetuto con foga prima d'essere risucchiata dal sogno. Ho ripetuto. Sia lodato Gesù Cristo. Sia lodato.

Forse credevo realmente di farcela. Certo credevo fosse possibile. Succede. Succede quando non hai un cazzo da perdere. Quando ti senti un'ignobile e cerchi di smetterla. Il rispettabile. Questo ad affascinarmi del tutto. Non voglio più essere una diversa. Le vedevo quelle donne coi figli. Il carrello. La pace dei sensi. Un marito infilato nel fianco. Una fusciacca d'inserimento nell'esistenza. Le vedevo quando uscivo sporca di colla da quella fabbrica. Le vedevo sbucare da tutte le parti. E non soffrivano. L'avevano dipinto sul volto il traguardo. Così mi sembrava. Ora che ho tutto. Che sono una femmina. Con la famiglia. La suocera. La borsa con dentro il prezzemolo. Le invidiavo abbastanza ricordo. In loro c'era quella cosa che a me è sempre mancata. Il sentirsi protetta. Azzerare inquietudini. Fuori dai margini. Una vita plausibile. Dignità per la folla. La quiete senza tempesta. Le serate in salotto. La cena sul tavolo. Le gite in campagna. I baci della buona notte. Un uomo a difenderle. Renderle invulnerabili più dell'acciaio inossidabile. Il calore del focolare domestico. Le coccole. Le passeggiate a braccetto. Ribaltami. Certo credevo fosse possibile. Trasformami. Certo credevo fosse possibile. Raccoglimi. Certo credevo fosse possibile. Dimenticare me stessa. Tutto il passato violento a rivestirmi ogni millimetro. Le sconfinate memorie. Praterie di delitti. Montagne appuntite e selvagge. Inserirmi nel resto. Fare piazza pulita di tutto. Una lavatrice grandissima. Programma bollente. Con la centrifuga. Dài disinfettami. Toglimi tutto lo sporco. Il grasso che m'imbratta la mente. Liberami. Io voglio vivere in modo decente. Senza l'assurdo. Scopate che innalzano e annientano. Labirinti di lotte. Collari d'angosce. Un laccio sul collo che stringe. Continua. Mi soffoca. Gianmaria rappresentava l'unica speranza rimasta. M'aggrappavo come una cozza. Lui la mia roccia. Mi ferivo le mani a tenermi. Sfidavo le onde che mi travolgevano. E avrei voluto. Avrei voluto di tutto. Nient'altro.

Sono diventata una casalinga impeccabile. Spolveravo col panno di daino. Allineavo diagonalmente gli asciugamani nel bagno. Preparavo le zuppe al basilico. Profumavo gli ambienti. Strofinavo i pavimenti in ginocchio. Lucidavo coltelli. Cucchiai e forchette. Facevo le lavatrici con l'ammorbidente biologico. La spesa controllando il dettaglio. Il rapporto qualità-prezzo. Gli stiravo i colletti. Le camicie. Le cravatte. Dividevo i calzini dalle mutande. Mettevo nei cassetti i sacchetti col fiocco. Lavanda. Gli leccavo l'uccello per ore. Le palle. Il culo. Le tette. Contraevo i miei muscoli. Gli facevo i massaggi. Oli d'essenze. E ogni giorno che rimanevo lì dentro era una conquista. Lui guardava le televendite. Tre al costo di due. Venti al costo di sette. Promozioni. Convenienza. Incredibile. Formato famiglia. Ceramiche di Capodimonte. Centrifuga a manovella. Materassi di spugna. Phon per capelli. Lozioni drenanti. Poltrone girevoli. Arrivava dal lavoro distrutto. Mi baciava distratto. Certo nei primi periodi è stato diverso. C'era l'eccesso. Quell'entusiasmo d'inizio. Solitamente si prolunga per un po' di tempo. Nel nostro caso è stato diverso. Forse perché ero troppo presente. Un po' asfissiante. Esageravo per vederlo contento. Impaurita dal pensiero di non bastargli. Moltiplicavo me stessa. Gli davo anche l'anima. Anche i mignoli. Cercavo di dimostrargli che aveva fatto una giusta scelta a tenermi. Elaboravo effetti speciali per entusiasmarlo. Leggevo ricette. Facevo gli addominali. Stringevo le chiappe. Mettevo il rossetto. Le mosse. L'accondiscendenza. I trucchetti. La devozione a oltranza. Non sono una donna. Sono l'affare del secolo. Mi prodigavo a svenarmi di coccole. Dolce. Attenta. Casalinga perfetta. Scopo come una cagna. Amami tanto. Io non riesco.

S'era intravisto già dopo un mese l'inganno. Mettevo il paraocchi. Le cuffie. L'impermeabile per farmi scivolare addosso i difetti. Era tirchio. Monotono. Senza l'ombra di fascino. Succube di una madre potente più di un incredibile fulmine. Di lui tutto aveva deciso la partoriente. Farai il segretario per l'avvocato giuridico. Vivrai nell'appartamento dell'inizio del secolo. Sarò perennemente al tuo fianco. Un altare. Inginocchiati. Gianmaria assomigliava fisicamente a quella donna. Identica forma. Se l'era disegnato addosso. Ne aveva disegnato i contorni appoggiandolo contro se stessa. Lei era piena. Traboccante di yogurt acidulo. Con ciò che non era riuscita a contenere aveva ricavato la personalità per un figlio. Un figlio d'avanzi. In lui c'era lo scarto. Ciò che non serviva alla caporalessa. Bontà. Docilità da olive senz'osso. Mancanza d'ambizioni. D'esaltazioni. Di stimoli. Lui era la sua parte debole. Il suo bidone portatile. Devi trovarti una donna. Hai quarant'anni. Poi ho saputo che lo tormentava per questo. Non sarai mica frocio. Non la voglio questa disgrazia. Ti prego non darmela. Dovrebbero infliggere una pena d'ergastolo a quegli schifosi. Ai finocchi. Alle lesbiche. E poi sculetti. Mi è sembrato di vederti ondeggiare coi fianchi. Prova a camminare un momento. Voglio studiarti. Vai dalla cucina alla stanza da letto. Vedi lo fai. Muovi le chiappe. Ondeggi come una donna. Come un pinguino coi tacchi. Cerca di controllarti. Manda avanti le gambe in modo più rigido. Tieni fermo quel busto.

Non essere ridicolo. Sei un bel ragazzo. Non è normale per niente. Lavati i denti forse è per colpa dell'alito. Lo sai quanto ci tengo. Il figlio di mia sorella ha già un figlio. Non posso rimanere tranquilla. Devi trovarti una moglie. Mettere su una famiglia. Ma come è possibile. Ti ho dato di tutto. Dovresti avere una coda di donne fuori la porta. Ti prego sistemati. Fammi dormire serena. Cosa penseranno i parenti. Che sei un impotente. Che ti piacciono i maschi. M'affliggi. Sei la mia spina nel fianco. Non esci. Non hai amici. Stai sempre a guardare le televendite. Io mi dispero. Lo sai che lo faccio. Mettiti apposto il colletto. Stai dritto. Guarda tuo padre che genio. Che cosa ha fatto. Si è trovato una donna fantastica. Eppure è uno stupido. Sai t'assomiglia. Non m'assomigli per niente. Credo m'avesse scelta all'istante per farla star zitta. Per assecondarla. Altro che stupido. Aveva visto la disperata che sarebbe rimasta e l'ha fatto. Due disperati che un giorno s'incontrano. Una botta di culo da oscar.

M'ha presentato sua madre dopo cinque giorni. Io cercavo d'ambientarmi. M'ero svegliata la prima mattina coi postumi da sbornia. Gironzolavo per l'appartamento come una bastardina intorno ai cassonetti. M'intrufolavo dappertutto. Indossavo le sue giacche. Accendevo sigarette. Lui telefonava di continuo. S'accertava non sparissi. Pensavo si trattasse di uno scherzo. Smettila con questa diffidenza. Mi crogiolavo nel sapermi indispensabile. Gli dicevo con voce mielosa io ti aspetto. Torna presto. Annusavo le tendine. Le poltrone. Il copriletto. Leccavo le ceramiche dei piatti. I soprammobili. Il pavimento. L'appartamento era modesto. Leggermente di cattivo gusto nel dettaglio. Col mobilio a basso costo. Una gondola sulla tv tutta di plastica. La gigantografia di un tramonto nel salotto.

Mi pareva ugualmente ipergalattico. Ringraziavo Gesù Cristo. Avrei letto pure qualche passo della Bibbia. Canticchiato spolverando. Signore ti ringrazio. Godrò delle piccole cose. Del granello di sabbia. Del soffio di vento. Del raggio di sole su quella foglia. La vita quale dono straordinario. Spalancavo le finestre riempiendomi i polmoni di delizia. Ti ringrazio gesù cristo. L'ho quasi urlato a braccia aperte.Ti ringrazio gesù cristo. L'ho urlato saltellando. Ti ringrazio Gesù Cristo. Mi spogliavo continuando. Ti ringrazio Gesù Cristo. Mi sfilavo le mutandine volteggiando. Signore mio io ti ringrazio. Correvo nuda per le stanze ringraziando. Signore mio io ti ringrazio. Urlavo. Nuda. Ti ringrazio Gesù Cristo. L'entusiasmo mi portava all'egoismo. Non me ne fregava un cazzo d'aver lasciato la mia amica tra la polvere. Ora ero in un reale bello lustro. Con il riscaldamento. L'ho chiamata e gliel'detto. Non ritorno. No. Non piangere. Se mi vuoi bene devi essere contenta. Ero troppo presa dal contesto per nutrire un qualche sentimento. Per provare tenerezza alle sue lacrime. Sembra incredibile. È questo che è successo. La povertà riesce a renderti crudele quando si risolve. Dovevo darci un taglio netto. Diventare l'ascia che divide il corpo dalla testa. Come avevo fatto con la zia. Lo stesso trattamento. Questa era la tecnica. In quel momento Veronica-culo-da-favola rappresentava la mia guerra. Lei era rimasta sul campo di battaglia. Se non m'armavo di sano nichilismo sarei tornata per riprenderla. L'avrei aiutata a sconfiggere il nemico. Mi sarei impregnata ancora una volta dello sporco della lotta. Io volevo ripulirmi. Distaccarmi. Sapermi finalmente in zona neutra. Per fare questo era necessario spalancare e poi richiudere la bocca. Il pesce grande divora quello piccolo per riuscire a sopravvivere. Ero uno squalo enorme che s'affila i denti nell'oceano.

Gianmaria era entusiasta della sua conquista. M'avrebbe esibito alla sua mamma. Dopo pochi giorni quell'incontro. Vedrai ti piacerà tantissimo. È una gran donna. Grande lo era veramente. Due tette grosse grosse prigioniere di una maglia coi ricami di un roseto bianco e rosso. I capelli tinti di un castano dai riflessi un po' giallastri. Il sacchetto con il pollo sottobraccio. Quel punto di domanda sulla faccia. Un proiettile che mi sparava in mezzo agli occhi. E chi è questa. Non l'ha detto. L'ha fatto con lo sguardo. S'è messa subito ai fornelli. Non è che le fregasse troppo di conoscermi. In certi momenti faceva finta non ci fossi. Parlava con il figlio buttandomi la terra addosso per coprirmi. Era felice che avesse trovato una compagna. Lo avrebbe detto il giorno dopo a tutti. Fine delle chiacchiere malevole. Allo stesso tempo credo le sembrasse un tradimento. Io l'amante giovane. Il rimpiazzo. Corna a spuntarle sulla testa. Tentavo di farle i complimenti. Intenerirla. Volevo rilevasse la presenza dell'estranea. Se le sorridevo m'osservava quasi avessi fatto qualcosa di terribile. Se cercavo di rendermi utile mi sabotava nell'intento. Mi diceva no stai ferma faccio io che sono esperta. Si spostava con destrezza tra le pentole. Sfoderava un pollo con orgoglio. Dalla carta. Quasi fosse un quadro di Picasso. L'ho cucinato io nel girarrosto. Non è mica come quello del rosticciere tutto secco. Senza polpa. Me lo porta il contadino. Bello grosso. Provavo ad aiutarla. Studiavo le mie mosse. M'avvicinavo al volatile da concorso di bellezza. Interveniva prontamente a disarmarmi. No stai ferma non tagliarlo con le forbici. Prende odore di metallo. Quel pollo era il protagonista dell'incontro. Io una stupida comparsa. Di quelle che appaiono un momento e poi spariscono. Di quelle di cui non scorre il nome sullo schermo. Avrei potuto chiudermi nel bagno. Spazzolarmi per tre ore i denti. Non ero necessaria quanto quell'animaletto. All'improvviso ha iniziato a interrogarmi sulla mia arte culinaria. Gianmaria in tutto questo era diventato un accessorio. La sua spilla. La sua lacca per capelli. Stava zitto. Intimidito. Genuflesso. Spero tu sappia cucinare. Almeno quello. Come fai il risotto con gli asparagi. E le cotolette coi piselli. E il ragù con la salsiccia? Devi pelarla la salsiccia per insaporire il pomodoro. Lo sai come si pela? Eh lo sai come si pela? Prova a pelarne una. Prendila dal frigorifero. Voglio vedere come la peli. È molto importante che tu sappia farlo correttamente. Mi veniva la nausea. Ho dovuto farlo con lei al fianco. A due millimetri. Prendila con tutte e due le mani. Non ti mangia mica poveretta. Dài inizia. Cosa aspetti. Gliel'avrei infilata dritta in culo. Eseguivo per placarla. Mi sembrava il moncherino di un bassotto. Vedevo quel bassotto senza gamba. Era stata la suocera a tagliargliela. L'aveva fatto perché avessi la salsiccia da pelare al nostro primo incontro. Sottomettermi alla prova. Attuare la verifica. Mi faceva sentire un'intrusa incompetente. Avrei intrapreso da subito il mio cammino verso il traguardo-casalinga-perfetta correndo come una pazza. Dovevo convincere tutti. Provare la mia innocenza. La mia competenza tra le pareti domestiche. Dovevo apprendere comportamenti da brava ragazza. Tirarli fuori da dentro. Relegare la mia parte oscura nei meandri del fegato. Sfoderare quella luminosa e sconosciuta. Mai utilizzata. Nuova di pacca. Dovevo solo imparare a usarla. La mia parte chiara e cristallina era una macchina strana di cui non conoscevo le marce. I pedali. Stavo andando a scuola guida. Il terrore di non riuscire a frenare. A parcheggiare nel modo giusto. La paura d'immettermi troppo precipitosamente nel traffico delle buone usanze e sani principi. D'investirle. D'entrare in sensi vietati e ritrovarmi nel buio. Serviva impegno e devozione. Inserire la freccia prima d'ogni sorpasso. Pena l'essere mandata a fanculo. Rispedita all'inferno. Mantenere la distanza di sicurezza per non tamponare la sensibilità di chi in quella vita di giuste regole ci viaggiava da un pezzo. Sarei riuscita in parte a farmi accettare da quella valchiria. Sarebbe diventata la mia maestrina con la bacchetta. Mostrami i polsi. Che io possa colpirli. Sarei riuscita a simulare interesse per le conversazioni del figlio.

Lui mi raccontava delle sue vacanze tre giorni l'anno in montagna col siero antivipera. Dell'ustione di secondo grado al polpaccio. Mi raccontava dell'avvocato. Un uomo tutto d'un pezzo. Di quanto lo faceva sentire importante rispondere per lui al telefono. Mi chiedeva quanto era costata la carne di vitello. Le melanzane. Il detersivo per i piatti. Mi voleva portare al centro commerciale dove c'erano i prodotti senza marca. Farmi fare la dispensa. Pensa se magari un giorno scoppia qualche cosa di mondiale. Una guerra. Spesso mi comunicava l'importanza d'andare a letto presto. Il sonno migliore è quello dalle dieci a mezzanotte. Del principe azzurro che credevo dopo appena un mese era rimasto qualche accenno. Dopo due nessuna traccia. Dopo tre non era più un uomo ma una pianta. Si andava a dormire al termine di qualche stupido programma. Faticavo nel seguirlo. Rimanevo per due ore a occhi aperti. A volte sgattaiolavo come una ladra nel salotto. Telefonavo a Veronica-culo-da-favola. Non c'eravamo più riviste. Ci sentivamo al telefono. La prima volta che l'ho chiamata c'era dell'imbarazzo. Qualcosa tra noi s'era rotto. Cercavo di ricomporre la nostra amicizia. Farla rivivere in una cornetta. Assaporarne almeno una parte. La briciola rimasta tra i denti di questa vita cannibale. Non riuscivo a mantenermi sincera. Dire le cose così come stavano. Non volevo farle sapere la mia sconfitta. Non volevo comunicarla ad Angelica. Chiudere gli occhi. Almeno socchiuderli. Tenevo le palpebre ferme a mezz'asta. Perché il vento non le colpisse che in parte. Perché la verità non annientasse i miei sogni già contaminati dall'insuccesso. Lei s'era sposata con un delinquente. Un mafioso un po' svizzero. Un dittatore magnaccia. Un'inculata magnifica. Era agli arresti. La chiudeva nell'armadio di notte. Lui usciva a far festa. Aveva paura fuggisse. L'aveva fatto un bel giorno. Era andato a scovarla. Si era presa un mucchio di botte. Si portava là dentro il telefono. Rispondeva con voce squillante quasi fosse a un ballo. Le raccontavo menzogne. Inventavo una vita appagante. Mica come la sua. Una storia completamente diversa. Che fortuna incontrarlo! Che uomo brillante! Pieno di risorse! Romantico! Quali emozioni mi regalava continuamente la sua vicinanza! Era la storia d'amore del secolo. Lo sentivo russare da un'altra parte. Sembrava avere in gola ranocchie. Guardavo quell'appartamento che conoscevo a memoria. I soprammobili che spolveravo ogni giorno. Tutto il silenzio. Dicevo a me stessa ingrata accontentati. La salutavo. Dalla sua voce sapevo che aveva capito stavo mentendo. Tornavo ad abbracciarlo nel sonno. Speravo si svegliasse per riempirmi di coccole. Rimaneva svenuto nel sonno. Immobile come una mummia. Come la zia quando stava sul tavolo per la seduta della terapista col camice. Veniva una ragazza una volta alla settimana. Col camice bianco. La fascia della croce rossa. Metteva una coperta sopra la tovaglia. Un telo a scacchi. Di lana vergine. Solo la lana è vergine. Lana mai fottuta. Lei la superstite. Con l'imene intatto tra le trame. L'imene in ogni scacco. Le alzava quelle gambe. Le piegava come fazzoletti. Le girava come pale di un mulino. Attorno la campagna. Le oche pascolanti. Le nuvole pesanti. L'azzurro che colava dal principio fino a terra. La zia che ansava orizzontale violentata dagli sforzi. Ansimava forte e ritmica. Sembrava le stessero ficcando un vibratore tra le chiappe. Dall'inizio fino in fondo. Certi giorni toccava a me addomesticarle gli arti. Avevo sistemato dei ganci sul soffitto. Le legavo le caviglie con le corde. Issavo le sue cosce. I suoi polpacci. Quella tensione della carne con i muscoli. La sua bava traboccante. Gelatina trasparente. Parziale sospensione momentanea in quel macello delle donne. Lei una vacca appesa a un gancio. Io l'agnello da sacrificare per la Pasqua. Gianmaria un toro senza corna. Mi stancavo di baciarlo. Anche se lo avessi preso a schiaffi non avrebbe aperto gli occhi. Possedeva questi sonni pesantissimi che assomigliano alla morte. M'infilavo un dito dentro. M'infilavo le cuffiette. Ascoltavo la musica. Sentivo lo strazio.

Mi portava al ristorante ogni domenica. Alle otto e mezza varcavamo quell'ingresso. C'era il tavolo ad attenderci. Fiori piantati verso il centro. Margherite con i petali di stoffa. Neon sottili allineati sulla testa. La cameriera che avanzava a salutarci. Una donnona coi baffi e l'artrosi a rattrappirla. Portava i piatti con quelle mani contratte. Lui adorava quel posto. Costava tutto pochissimo. Lo spezzatino con i piselli. Il vino nel bottiglione del nonno. La tovaglia di carta. Le intere famiglie col seguito. Tutta gente da svendere. Coi vestiti da evento. Il cellophane sul portafoglio. Un'insegna incollata alla fronte. Unico obiettivo il risparmio. Per vivere. Più a lungo. Sedevo rigida come un bel manico. L'osservavo smarrirsi. Leggere il menu con lo scrupolo. Questo ogni volta. Quasi fosse un romanzo. Lo sapeva a memoria. Eppure. Eppure non era contento. Rinnovava il rito con entusiasmo. S'accertava che tutto fosse al suo posto. Lo faceva anche per il conto a concludere.

Arrivava il suo compito. Cercava il tranello. Svelare il possibile inganno. Sommare le cifre. Sottrarle. Ricominciare con calma. Con metodo. Ci voleva attenzione per non farsi inculare sul prezzo. Una volta è successa una cosa terribile. Una vergogna. Lo scandalo. Un caffè in più sul conto. Dovevi vederlo. Dovevi vederlo con quell'aria severa indicare la truffa. Quasi ci fosse il complotto. Piano intricatissimo di cui lui era la vittima. Si era alzato in piedi battendo i pugni sul tavolo. Gli si era cancellata la bontà. La sua bontà-apatica. Perché lui era devastato dalla bontà-apatica. Era un buon uomo apatico. Il santo dell'apatia. Se l'era tolta di dosso. Sbraitava alla donna. Ne abbiamo preso solo uno di caffè. Non due. Vede sul tavolo c'è solo una tazzina. Se ne avessimo bevuti due non starei qui a lamentarmi. Guardi lei stessa cosa c'è scritto. C'è scritto due caffè. Due. Non uno. Due. Quindi deve sottrarre il costo di quel caffè che non abbiamo ordinato. Non voglio pagare ciò che non ho preso. Com'è potuta succedere una cosa del genere. Eppure è stata lei stessa a portarlo. Credo si ricordi di avermi appoggiato la tazzina davanti. Dovrebbe stare più attenta. L'ascoltavo spalancando la bocca. C'era sua madre su quella faccia. La stessa depravazione del lamento amplificato all'ennesima potenza.

Si tornava in quel ristorante ogni domenica. Solito tavolo con accanto la pianta. Una vetrata a illustrarci un parcheggio. Le televisioni accese con gli aggiornamenti delle partite di calcio. Lui m'istruiva su come sfruttare al meglio ogni scelta. Le combinazioni tra i primi e i dolci. Gli brillavano gli occhi quando arrivavano i piatti. Diventavo invisibile. Una bocca che mastica. Avrei voluto spogliarmi. Salire nuda sul tavolo. Gridargli ti prego ora smettila. Le prime volte non riuscivo a capire cosa stavamo facendo. Pensavo forse si usa così nelle coppie a norma di legge. Questa è un'uscita domenicale con tutti i crismi. Sentivo lentamente il bisogno dell'alcol. Di soffocarmi con le sigarette. Gli stringevo la mano cercando il più piccolo slancio. Mi regalava quel sorriso da ebete. Diceva pensa che brutto Angelica non avere la bocca. Non godere dei piaceri del gusto. Non amava poi tanto leccarmi la fica con quella lingua. Preferiva appoggiarci sopra le tagliatelle. All'inizio era stato diverso. Faceva mettere una candela nel centro. Stringeva i miei polsi. Catapultava i suoi sguardi nelle mie pupille. C'erano gli accenni di un comportamento utile alla conquista. Ha capito presto che poteva fregarsene. Non l'avrei mollato lo stesso. Ero la poveretta che aveva salvato dalla fine del mondo. Era un uomo insicuro ma con delle certezze. Credo fosse la madre a prestarle a quel figlio. Lei non m'amava per niente. Aveva un indice piantato in mezzo alla fronte. Me lo puntava addosso e premeva il grilletto. Mettile a bagno le pentole. Passaci poi la paglietta. Accetta il consiglio. Usa il sapone in scaglie. Dai aria ai cassetti. Non ti dona la riga in mezzo. Troppo alti i tacchi di quelle scarpe. Era comunque contenta d'avermi. C'eravamo sposati dopo cinque mesi nella chiesetta. Trenta parenti tutti presenti. Io con l'abito rosa con i fiocchetti. La voglia di sentirmi contenta. Un sentimento stranissimo. Simile alla vergogna. Stavo barando. Facevo finta di niente. Non è poi necessario essere troppo convinta. Rilassati. Lei ripeteva finalmente ha messo la testa a posto mio figlio. Ora ci manca un bel pargoletto. Io non ero la sposa. Ero l'amuleto necessario per allontanare le maldicenze. Si bisbigliava sempre più spesso che quel figlio avesse qualcosa di stravagante. Che fosse finocchio. Forse per colpa delle pochissime donne. Forse per quella sua camminata femminea. Forse per la delicatezza di una personalità deboluccia. Forse perché con una madre del genere doveva odiarle per forza le donne. C'era dell'impaccio nel sentirmi assieme a Gianmaria la protagonista femminile di quel film di fantascienza. Mi vedevo verticale riflessa con l'acconciatura trattenuta dalle spille. L'ombretto rosa sugli occhi. Una boccuccia in tinte pastello. Mi chiedevo se era veramente Angelica che si trasformava da verme in farfalla. Venivano tutti a congratularsi abbracciandomi con quell'impeto da tragedia greca. Quasi fossi stata una della famiglia riapparsa dopo vent'anni d'assenza. M'afferravano con stupore le braccia. Mi trattavano come il miracolo che avevano pregato in ginocchio per anni affinché si compisse. Mi guardavano curiosi il corpo. La faccia. Potrei riassumere la loro espressione col termine esterrefatti. A un certo punto è arrivata la sorella della suocera. Una donnetta con l'alopecia e tre denti appoggiati sul labbro inferiore. Mi stava davanti studiandomi. Accartocciata come un sacchetto di carta ha iniziato a farmi domande. Una voce da corvo. Hai avuto la varicella? E gli orecchioni? La scarlattina? Il morbillo? A ogni punto interrogativo mi arrivava uno zampillo di saliva sul braccio. Se non le hai avute devi fartele venire. Devi fartele venire perché altrimenti succedono disgrazie. Prima di rimanere incinta devi almeno farti venire gli orecchioni. Mi vedevo una pancia enorme. Stesa sul letto. Due orecchie giganti a partirmi da sotto le tempie. Come Dumbo. Ho iniziato a indietreggiare. Cercavo Gianmaria. Una protezione qualsiasi. Lui stava parlando di trote con un cugino. Di sardoncini marinati. Di sogliole. Mi ha messo un braccio attorno al collo. Il trofeo della sua pesca. Dei miei parenti logicamente non c'era nessuno. Avevo evitato d'invitare l'unica superstite. La zia-sclerosi multipla. T'immagini che ficata riaverla. Quale delizia vederla arrivare con la croce rossa. Un cappellino celeste sul cranio. La sedia a rotelle. Sorbirmi la rabbia. Disgraziata m'hai fatto quasi crepare di stenti. Quando finisce questa pagliacciata chiamo i gendarmi. Ti faccio riportare al tuo posto. La tua realtà non è questa. Sei uscita di testa. Riprenditi. Mi capitava di sognarla di notte. Sognavo le sue mani che mi stringevano il collo. Gli invitati mi stavano attorno. Mi domandavano dov'è il tuo papà. La tua mamma. Non potevo certo rispondere sono spariti dalla circolazione un bel giorno. M'hanno abbandonato a nove anni da una parente con l'handicap. Dicevo non li ho mai avuti. Spiacente. Gli venivano le lacrime agli occhi. Io l'orfanella. Povera piccola. Quanto sentito cordoglio. Andate a spararvi un clistere teste di cazzo. Non compatitemi. Sono una stronza.

Avevo alterne emozioni durante quel matrimonio. Le avevo con intermittenza. Salivano sopra il cervello esaltandomi tutta. Subito dopo ci cadevano dentro mostrandomi il buio dell'incognito. Quanto sono felice in questo momento. Quanto sono smarrita e senza senso. Che bello mi sto veramente sposando. Che brutto ma cosa sta succedendo. È incredibile quanto amore mi circondi. È terribile questi neppure li conosco. Cosa voglio di più dalla vita. Cosa sto facendo dio cristo. Sono sicura io sento d'amarlo. Non l'amerò mai per niente. Sono fortunata finalmente. Sono una sfigata come sempre. Guarda il tuo sogno che s'avvera. Guarda l'incubo che lo divora. Che bello. Che brutto. Che gioia. Che merda. Felicità. Tristezza. Sicurezza. Smarrimento. Quiete. Panico. Bianco. Nero. Io la schizofrenica.

Stavo con Gianmaria a capotavola. Lui col completo scuro. La riga da una parte. La camicia immacolata col colletto circondato da cravatta. Mi baciava sulle guance. Lo stringevo forte forte. Lo facevo quando lo sentivo un poco estraneo. Un passante con l'ombrello tra la pioggia. Senza te potrei bagnarmi. È così freddo. Fammi stare sotto. C'era il brodo di gallina dentro le zuppiere sopra al tavolo. L'aspiravano con gusto gli invitati producendo un rumore da ruscello prosciugato dagli insetti. Io detestavo la gallina. Mi ricordava la zia con cui ero stata agli arresti. L'ossessione che aveva d'addentarla la domenica. Ero costretta a cucinarla. Il pollame m'ha perseguitata da sempre. È arrivata quella suocera a continuare la soap opera del volatile da tavolo. Ricordo questa scena che puntualmente si ripresentava ogni sei giorni. Lei che guardava la messa televisiva sulla seggiola. Io piegata sui fornelli per rendere commestibile il cadavere. Arrivava il giorno prima già defunto. Era il garzone del macellaio a consegnarlo. La zia apriva la porta squittendo eccitatissima. Mi raccomando che sia quello ruspante. Quello dell'altra volta sembrava di marmo. Era talmente duro che la dentiera s'è quasi rotta. Lo porti ad Angelica. Col garzone ci facevo le chiacchiere. Cose assurde. Molto inutili. Si parlava mentre facevo a pezzi il volatile. Decapitavo. Amputavo. Indifesa vittima del crimine. C'era del perverso in quel rito poi concluso da un pompino magistrale. Fottevo prima la gallina e poi il suo cazzo. Glielo tiravo fuori con le mani sporche del cadavere. Era disprezzo per la carne. Farne uscire sangue e sborra. Sentire il potere di deciderne la sorte. Un uccello sbattuto in pentola. Un uccello sbattuto in gola. Quanto godevo nel vederlo eiaculare sul pavimento. Era come ucciderlo. Farlo piangere. Assistere alla rappresentazione del mio presente. Una desolazione strozzata a gocciare per terra. Quando se n'andava pattinavo su quello sperma. Ci scivolavo sopra canticchiando. Mentre gli invitati s'abbuffavano in certi momenti l'avrei fatto. Dei pompini dappertutto. Caldo seme a cadere sulle mattonelle. Pattinarci sopra canticchiando. Afferravo le mani del mio sposo per placarmi. Gli sussurravo quanto sono felice tesoro domani partiamo per il viaggio. Mi faceva tenerezza il suo modo d'amarmi. Mi faceva un po' senso. Senza slancio. Furore. Potenza. Lui m'amava in modo modesto. Non riusciva nemmeno con l'amore a superarsi. Rimaneva intrappolato nella mediocrità del suo essere. Una condanna. Saremmo andati in viaggio di nozze in una città piena di monumenti. Una settimana di passeggiate da guida turistica. Il viaggio non lo ricordo. L'annullo. Rimuovo. Cancello. Non chiedermi niente. Se devo scegliere un momento del matrimonio da conservare in memoria anche se in modo sgradevole scelgo un'immagine. Quella più vera in mezzo a quel resto d'insicurezze e certezze. Io sono davanti all'altare. Gianmaria alla mia destra. Dietro la gente composta in merletti. Il prete di fronte con la bava alla bocca. Mi bruciava il clitoride. Sentivo il bisogno di tagliarlo. Di tagliarlo con le forbici. Di castrarmi le erezioni dei miei sogni serial killer.

Ho questi sogni che sono cazzi che s'allungano. Vedono qualcosa di bellissimo tra la polvere e lo fanno. Li ho sulla punta del clitoride. Riescono a vedere anche nella nebbia. Hanno occhi che s'estraggono e raddoppiano la vista. Sempre all'implacabile ricerca del dettaglio-desiderio. Io vorrei tagliarlo con le forbici. Affogarli col mio sangue. Sono loro che mi portano allo sbaglio. Stanno belli dritti e poi m'aspettano. E poi vanno da soli anche se non voglio. Sai si nutrono dell'accenno dell'intenso. Desiderano mi butti a capofitto. In piscine senza acqua. Dentro cieli senza ossigeno. Loro cercano il pretesto per esistere in me stessa. Sanno che vorrei Che vorrei buttarli. Toglierli dalla faccia della terra. Perché se non ci fossero. Perché se non ci fossero riuscirei a placarmi. A distendermi. E non mi sembrerebbe poi così terribile il passaggio. Mi risvegliano. Ti rendi conto cosa fanno. E mi parlano. Ti rendi conto quant'è assurdo. Se solo fossero più deboli. Almeno piccoli. Disarmabili. E invece no. Sono pattuglie di sogni lampeggianti. Mi ricordano come potrebbe essere. Come potrei anche vivere. Stanno tutti fermi sul clitoride. E io vorrei tagliarlo. Vorrei tagliarlo con le forbici e castrarmi. Castrarmi le erezioni di quei sogni serial killer.

La madre di Gianmaria mi dava il martedì verso la mezza la lezione culinaria. Una brava moglie deve sempre esercitarsi. Arrivava coi capelli trattenuti da forcine e faceva la maestra. Speravo le venisse l'orticaria. La sifilide. Una gravidanza isterica. Le venisse per fermarla. Alla zia era successo quando avevo ventidue anni. M'ero licenziata dal negozio da turisti. Da tre anni. Era andata via la sua domestica e dovevo darci sotto. Accudirla tutto il giorno. Fumavo sigarette sfogliando le riviste e lei stava alla finestra con cicciobello negro in braccio. Così da un giorno all'altro aveva partorito quel marmocchio. Catturato dallo scatolone delle cose dell'infanzia. Le davo degli psicofarmaci altrimenti delirava nelle ninna nanne. Lo cullava mille volte e poi crollava. Ricordo la sua testa. Si piegava all'improvviso quando prendeva le pastiglie tranquillanti. A volte le incollavo il cranio alla tv con del nastro isolante bianco e rosso. Quello da cantiere che m'aveva regalato il carpentiere del piano di sotto. Un uomo basso che aveva un figlio spastico con la lingua infilata tra le labbra. Avrei voluto tanto venisse anche alla suocera una gravidanza come quella. Le dicevo mentalmente perché cazzo non ti togli dalle palle brutta stronza. Tagliava le patate e io parlavo senza voce. Mi scorrevano le frasi sulla fronte. Dopo undici mesi di lei e del figlio iniziavo a detestarmi. Perdevo colpi come casalinga. M'erano venute le allergie ai prodotti per la pulizia domestica. I detersivi mi facevano grattare anche le palle. Dovevo cospargermi di cortisone per non scorticarmi con le unghie. Mi cadevano i capelli. Mi passava l'appetito. Lentamente l'avvertivo quanto stavo rifiutando quell'ambiente. Ce l'avevo messa proprio tutta per creare un focolare non frustrante. Avevo dato la dolcezza anche a sua madre e cercavo di piacerle. Salti mortali senza rete e condotta da prima della classe. Mai un lamento. Una pigrizia. Tenevo tutto bello lindo e addomesticavo le mie angosce. Era inutile. Lui rimaneva chiuso nel suo guscio pieno d'abitudini. Lei non si stancava di perseguitarmi. Aggredirmi. La guardavo trafficare tra i coltelli. Dirmi ora guarda cosa faccio. Come salto tutto in pentola. Metto l'olio e poi butto le verdure. Cerca d'imitarmi. Cucinava un minestrone per il figlio. Lui l'amava il minestrone. Quasi quanto il ristorante. Dovevo prepararlo quattro volte alla settimana con le verdurine belle fresche. Se non lo facevo gli veniva l'astinenza. Diventava malinconico. Se vuoi renderlo felice mettici anche i carciofini a listarelle. Aggiungi le carotine a pezzettoni nel soffritto. Cuoci tutto a fuoco lento. Giralo ogni tanto verso destra e poi a sinistra. Guarda e impara bene una volta per tutte. Ho visto in un documentario che lo mangia anche il presidente. Hai il grembiule di traverso. Su sistemalo. Indossavamo tutte e due un rettangolo di stoffa variopinto con i lacci fino al collo. Le si gonfiava sopra al petto. Tette grosse come palle da biliardo. Me le sbatteva addosso per raccogliere il basilico. Quanto mi sarebbe piaciuto farla violentare da un cavallo. Ero stanca. Tutta asfittica. E sapevo che al tramonto non m'avrebbe accolto l'entusiasmo. Attendevo spolverando il suo rientro. Lui apriva la porta come sempre. Si scaraventava nella doccia. Il martedì mi portava un mazzolino di violette. Le metteva sopra il tavolo. Mi parlava delle sue telefonate con la gente. Si lamentava per il puzzo delle sigarette. Dovevo fumare sul terrazzo. Indossava le ciabatte. S'ipnotizzava sulle televendite. Cenavamo con la televisione accesa stando zitti. Io cercavo di portare l'atmosfera a un grado più vivibile. Mettevo la penombra. Le candele in mezzo ai piatti. Gli davano fastidio agli occhi le fiammelle. Non vedeva bene i suoi programmi. I materassi di lana merinos. Gli aspirapolvere. Ogni tanto si lanciava in un monologo raccontando d'essere il pilastro dello studio. L'avvocato senza lui sarebbe morto. In verità l'invidiavo un pochettino. Non sentiva niente. Anestetizzato fino all'osso. Quest'anno non possiamo permetterci vacanze. Dobbiamo stringere la cinghia. Quasi avessimo già fatto qualche viaggio. Almeno un weekend da un'altra parte. Mi portava sul divano a fine pasto. Diventavo il cuscinone sopra il quale addormentarsi. Se non era troppo stanco mi si stendeva addosso. Mi penetrava come fossi una bambola gonfiabile. Senza carne. Con dell'aria nell'interno. Dopo avermi eiaculato tra le gambe sussurrava quel ti amo che suonava come un stai tranquilla è tutto apposto scivoliamo come l'olio. Poi c'era il letto nel programma. A nanna presto. Svegliarsi con il gallo. Appena lo vedevo col respiro regolare mi spostavo con cautela nel salone. Telefonavo a Veronica-culo-da-favola. Lei s'era messa a studiare inglese nell'armadio. Leggeva i libri con la torcia. Ascoltava le cassette. Sentivo la voce registrata di un ragazzo sillabare del britannico. Le dicevo di scappare che era orribile stare tanto tempo in mezzo agli abiti. Mi sentivo l'impotenza ma cercavo d'aiutarla. Sembravamo due rifugiate politiche rannicchiate all'ambasciata col terrore dell'esterno.

L'unico mio svago del periodo era la seduta tabagista con la vecchia dal braccio meccanico. L'ho conosciuta un pomeriggio. Stava sul pianerottolo in vestaglia. Innaffiava ortensie con quell'arto. Azionava il telecomando per dirigerlo. Era di gomma dura color panna. Si muoveva e io lo vedevo dirigere un'orchestra. Far vibrare dei violini sotto il mento di ragazze tutte bionde. E c'era del romantico nonostante provassi angoscia nel guardarla. Era una signora che s'avvicinava alla sua fossa senza lo spavento. Una guerriera con la lancia. Trafiggeva il tempo. L'aspirava come sigarette. L'avrei voluta come nonna per apprendere l'arte del fregarsene. E fumava. Sì quanto fumava. Come me una tabagista. Le infilava tra le dita in poliestere. Le piacevano quelle forti. Con la nicotina nei millimetri. Sarebbe diventata l'evasione il frequentarla. Una fuga dal domestico per la seduta tabagista. Abitava nell'appartamento a fianco con un cane molto vecchio che si trascinava in pannolone sopra il pavimento. Una casa bella sporca coi pacchetti dappertutto. Sigarette anche negli angoli. Quel silenzio in cui anche un moscerino riusciva a disturbarti. Lei si metteva sulla sua poltrona da massaggio. Un marchingegno verde acqua. Coi pulsanti. Le ondeggiava il busto se premeva quello giallo. Mi godevo lo spettacolo. Era lei a dare il via al nostro incontro. A far schioccare la fiammella. Iniziava il rito del tabacco. Riempivamo i posacenere. Le piaceva anche ballare. Metteva musica da tango e mi chiedeva di prestarmi. Era strano afferrare la sua mano senza carne. Teneva il braccio finto puntato verso l'alto. Avanzava diagonalmente nella stanza. Certe volte mi piegava verso terra con potenza. Mi scricchiolavano le ossa. Quell'appartamento diventava un carillon spalancato all'improvviso dopo qualche sigaretta. Il ballo delle debuttanti rovinate dagli eccessi. Due danzatrici nella nebbia nicotinica. Quando uscivo da lì dentro io capivo a cosa stavo andando incontro. Vedevo il mio futuro apparirmi innanzi come la Madonna. Mi veniva il mal di pancia. Dovevo spalancare le finestre.

Lo facevo e guardavo le persone camminare verso il niente. Mi sporgevo un pochettino e meditavo sul mio lancio. La seduta tabagista era un'evasione momentanea a cui seguiva la tormenta. Mi sedevo sopra il water a masturbarmi. Nello specchio il mio riflesso. Le mie dita tra le gambe. Un'espressione rassegnata e un po' sconvolta. Ero bella. Un mostro orribile.

Mele al forno. Sarebbe arrivato il giorno della maratona di quel frutto. Tre giorni a cucinarlo. Senza sosta. Con la furia. Senza sonno. Di continuo. Dopo il funerale della mia parente. Della zia con quel difetto dentro ai muscoli. Era successa questa cosa disarmante. Avevo pianto la sua morte.

M'aveva chiamato l'assistente sociale. Un pomeriggio. Componeva con le lettere un discorso. Ci metteva il tatto dentro. Tentava di non essere feroce nel comunicarmi quel decesso. Erano passati quasi tre anni dal giorno in cui l'avevo abbandonata. L'assistente mi raccontava che pagava una cinese per assisterla. Una ragazza tutta gialla con le trecce. Le preparava gli involtini primavera. La cucina dei suoi posti. Il maiale in agrodolce. La medusa con le mandorle. Dei dolcetti pestilenti. Sabbie mobili. Quei suoi piatti variopinti le avevano ingrossato il fegato. Era crepata per cirrosi epatica. C'erano grappe con la prugna sopra al tavolo ogni volta. Era andata a controllare alcuni giorni. Le aveva detto di prepararle dei risotti senza salse. Verdurine al vapore e niente alcol. Credo non capisse la mia lingua. Forse dovevo seguirla con più scrupolo. Starle dietro a mezzogiorno. Verificare la condotta. Deve aver sofferto tanto poveretta. Si contorceva tra i lamenti sopra al letto. Puzzo di soia nella stanza. Di bevande molto asiatiche. Un vapore etilico si sollevava dal suo corpo. L'ascoltavo stringendo con due mani la cornetta. Porca puttana. Era morta. Occhi sbarrati da film horror. Le ho detto vengo. Vengo domani al funerale. A tutto il resto. Quando ho riattaccato m'ha colpito lo sconforto. Diritto. In fronte. Un bocca a bocca. Ma che cazzo. Con Gianmaria due giorni prima ero stata allo zoo con le giraffe tra le sbarre. Gli ippopotami nei pozzi. Le scimmiette sopra gli alberi di gomma che m'assomigliavano. Lui era voluto salire sopra la barchetta. Dentro al lago. Con i cigni. Sai che pacchia. Ogni tanto per errore li colpiva con i remi. Ce n'era uno senza piume sulla testa. Un altro con l'ala aperta fatta a pezzi. Erano spelacchiati come orsetti maltrattati dagli infanti. Mentre stavamo come idioti su quell'acqua il setter di qualcuno s'è buttato da una barca. Uno spettacolo terribile. Ha azzannato un collo bianco con i denti. Lo sbatteva fino a ucciderlo. Quelle grida. Lo scompiglio. Cigni che impazzivano scappando. Mi sono coperta gli occhi con le braccia. Quando ho appreso la notizia della zia sono diventata come il setter. Mi sentivo una bastarda. Nonostante l'avessi abbandonata per salvarmi. Nonostante esistessero validi motivi a scagionarmi. Non riuscivo proprio ad assolvermi. Eppure l'avevo desiderata spesso la sua morte. Non capivo la stranezza di sentire sofferenza. Piangevo buttandomi per terra. Mi dicevo sei una stronza.

Il giorno dopo siamo partiti con la macchina. C'era pure quella suocera. Stava sui sedili posteriori organizzandosi. Pensava d'essere in vacanza. Mete turistiche ad attenderci. Ci passava delle bibite. I panini farciti con il manzo. Le crespelle. Non era stata mia l'idea di portarla. Era stata di suo figlio. Sostegno morale. Una spalla. Sollievo. Conforto. Una minchia. Mi peggiorava il nefasto del lutto. Amplificava il sentirmi già una testa di cazzo. Domandava da dove salta fuori la poveretta. Hai cercato di nasconderla forse. Perché non l'hai detto. S'era messa a sgranocchiare semente. Un criceto che si gonfia le guance. Porca puttana che nervi. Siamo arrivati in ritardo. Per la lentezza. Le fermate continue. Stavano portandola via dalla camera ardente. Non era stata ancora chiusa la bara. L'ho vista. Pareva di cera la carne. Mancava del fuoco per scioglierla. Sembrava sorridere. Serena. Senza traccia di panico. Fredda come un blocco di marmo. L'ho baciata sopra una guancia. Ciò che ho provato a niente assomiglia. Sfumatura indefinibile di un colore impercettibile. La morte. Poi il resto. La messa. Un corteo solitario. Seguito esiguo. Tre gatti. I cipressi nei margini. La terra. L'estate. La fossa. Preghiere. Discorsi. Un corvo allacciato alle foglie. La lapide. L'addio quello ultimo. Il sipario. Il silenzio. Prurito alla testa. Mutande in mezzo alle chiappe. Un dolore al piede sinistro. Voler togliere le scarpe. Sono uscita dal cimitero con la mente appoggiata a un polso. Avevo i pensieri con delle lancette. Si compivano a ogni secondo. Gianmaria ha ingranato la marcia. Nuovamente dentro al carretto. I panini. Le bibite. Si tornava a rivivere. A far finta di farlo. Una farsa continua. Fanculo mille volte e poi il seguito. Un torrente di fanculo schiumosi. Ribelli. Una cascata che all'improvviso li fa schizzare nell'aria. Ero in una canoa. Non nella macchina. Sfrecciavo veloce sull'acqua degli sfanculamenti a oltranza. Mi riempivo d'adrenalina a ogni chilometro. Quasi ci fosse cocaina nell'aria. A ogni chilometro acquisivo potenza. Diventavo a prova di bomba. Indistruttibile. Una reazione dopo l'impatto con la rigidità dei defunti. Il contraccolpo. Come in bicicletta d'inverno. Ti geli la faccia. Ti fermi. Entri in qualche negozio. S'incendia. Questo è successo al ritorno. Sono crollata quando ho visto la palazzina di fronte. La fine del viaggio. Il reale in cemento. M'ha dato una botta al cervello la vista. Come in bicicletta in discesa. Ti fermi. Riparti. T'investe un'autoambulanza. Non riuscivo ad arrivare alla porta. Mi sembrava di camminare sopra un'asse di legno. I gradini erano più ripidi di uno scivolo percorso all'inverso. Mi s'inclinava in avanti la testa. Gianmaria e la suocera m'aiutavano a stare coi piedi per terra. M'hanno portata nel letto. Avvolta fra le coperte. Premurosi. Carini. Due ragni. Coraggio dicevano. La vita continua. Sì certo. Ma quando. Porca puttana l'avesse mai fatto. Almeno una volta. Prendere la rincorsa. Viaggiare tre metri. Farmi sentire l'ebbrezza. La mia vita è la lampadina di un elettricista senza le braccia. Come potrà mai avvitarla. Rimarrà sempre spenta.

Dodici ore dopo m'alzavo dal letto. Mi mettevo ai fornelli. Iniziavo la maratona dei frutti nel forno. Avrei cucinato per tre giorni. N'avevo comprate due cassette al negozio di sotto. Tre giorni d'implacabile sbucciarle e infilare là dentro. Nell'attesa decoravo con l'alloro quelle già pronte. Sbucciavo le altre. Le riponevo nelle teglie col burro. Non sono neppure andata a dormire per farlo. Ero fuori di testa. Si preoccupavano tutti. Cercavano di farmi riflettere. Sua madre sbraitava per l'insuccesso. Sei tutta matta. Oddio che disgrazia. C'era un odore intensissimo. Ti mancava l'ossigeno. Bucce dovunque. Vassoi ricoperti di mele giallastre. Vedevo alberi carichi di sfere succose. Spuntavano dal pavimento. Cadevano come pioggia dall'alto. Crescevano dentro agli strofinacci. Si riproducevano sulla mia faccia. Dentro al mio culo. Sopra la tenda. La mia pelle diventava una buccia da mordere. Assumevo la forma del frutto. Lo desideravo con tutta me stessa. Diventare una mela coi semi nel centro. Farmi sbranare dai denti. Stare un po' sulla lingua. Scivolare nel buco. In una gola a cilindro. Cadere dentro lo stomaco. Rientrare nel ventre. Nel liquido amniotico. Nel caldo. Nel limbo. Restare nel buio. Nient'altro.

Immagina adesso l'azzurro. E tu voli. Due ali ai lati del corpo. Forare di colpo le nubi di panna. Nessuno a fermarti. C'è luce a forma di lampo. Sei il temporale che scorre. La stessa potenza che squarcia. Divarichi gli arti. Posizione da falco. Due lame a crearti le braccia. Affettare lo spazio. Quale grandiosità rappresenti. Sei solo bellezza. Immagina adesso una gioia veloce. Lunghissima. Un nastro. T'avvolge. Dai piedi alla testa. Rimane aderente. Un capo solleva il tuo corpo. L'appende alle stelle. L'accende. Potrei poi guardarmi sospesa nell'aria. Leggera e brillante. Una scheggia dorata cullata dal vento.

M'ero messa a gambe incrociate per terra. Dopo tre giorni la tregua. Davanti un bidone traboccante dei resti dei frutti. La zia che continuava ad agitarsi nella sua cassa. M'hai fatto crepare prima del tempo brutta bastarda. Volevo reagire. Trovare una fiamma. Non avevo più gli occhi. Al loro posto dei graffi. Mi sono stesa sul letto. È iniziato l'attacco. Una guerriglia di panico. Mi prendeva alla gola. La faceva restringere. Rimaneva al suo posto un buchetto ridotto. Un diametro appena visibile. La saliva faticava a passarci. S'attaccava al palato costringendo il respiro a bloccarsi. Aspettare il momento propizio per espandersi fino alle labbra. Bevevo acqua con la cannuccia per pulirmi la bocca. M'allagava la lingua. S'arrestava alla diga dei denti. Scivolava infiltrandosi tra le fessure bagnandomi il mento. Avevo il respiro con la gobba nel centro. Non s'allungava. S'ammassava sovrapponendosi in un punto. Volevo chiamare un'ambulanza. Farmi portare via con la barella. Volevo il boccaglio. L'ossigeno. Il massaggio cardiaco. Il cuore calciava contro una tetta. M'avrebbe fatto saltare il capezzolo. Mi sono scagliata vestita sotto la doccia. Sono rimasta fino a sera seduta e bagnata vicino all'ingresso. Aspettavo che Gianmaria rientrasse. Telefonavo a Veronica-culo-da-favola. Era chiusa anche di giorno dentro l'armadio. Ci faceva ginnastica. Continuavo a mentirle. Dirle sono felice. Sono la donna più fortunata del mondo. Glielo dicevo con la voce rotta dal pianto. Glielo gridavo. Hanno iniziato a bussarmi quelli degli appartamenti di fianco tanto facevo casino per dirlo. Sono felice dio cristo.

Gianmaria cercava d'aiutarmi. Diventavo il suo carretto. Lo capivo che nonostante le premure era un po' stanco di vedermi. Avevo intaccato con la mia crisi i suoi ritmi sonno-veglia. Li avevo contaminati col mio comportamento. Era stato costretto a mangiare scatolette. A svegliarsi per controllarmi nel cuore della notte. Non ero più la moglie che si faceva il culo per piacergli. Prima d'allora ero riuscita a trattenermi. Tenevo tutto in cassaforte. S'era verificato questo cortocircuito a condannarmi. Gli avevo gridato addirittura sono pazza. Era successo il secondo giorno. Quando s'era avvicinato per allontanarmi dai fornelli. Gli ho urlato sono pazza non cercare di fermarmi. Sono da manicomio lo capisci. Da cinghie sulle gambe. Sono stanca adesso vattene. Sai che trauma. S'era trovato all'improvviso quell'estranea. Cazzo però è così difficile. Quasi arrampicarsi su una superficie liscia e umida. Punti tutto ciò che hai e poi ci provi. Mani. Piedi. Vai più in alto. Cosa aspetti. Sai c'è il cielo. Ancora un passo e ti ritrovi nell'azzurro. Sono in una gabbia piccolissima. Il corpo trafitto dalla pesantezza aculeata della mente. Se rifletto troppo poi m'appendo. Non alle stelle ma al soffitto. Manca tutto. Anche la polvere. Manca tutto. Anche il pulviscolo. Gianmaria m'ha trascinato dal dottore dei disturbi della mente. Faticava a sollevarmi. Quanto ero pesante. Macigno di ferro compresso. Fammi volare. Spingimi oltre. Dove c'è il vuoto. In fondo il fuoco. Sua madre era in allarme. Un campanello la rivestiva interamente. Vibrava. Suonava spostandosi. Stirava le camicie borbottando. Una caffettiera sopra il fuoco. Ripeteva che disgrazia. Lo ripeteva come un mantra. M'osservava con una specie di disgusto. Come si guarda un fallimento. Ero uno zombie. Quando Gianmaria mi ha portato dallo psichiatra ho indossato anche il cappotto. Nonostante fosse giugno avevo freddo. Ho voluto i guanti. La sciarpa. Il berretto di lana coi laccetti sul mento. Lui si vergognava a esibirmi. Cercava di convincermi a spogliarmi. Rabbrividivo sotto i raggi di un sole cattivo cocente. In macchina mi ha messo la cintura di sicurezza sul petto. La camicia di forza. Guardavo la gente camminare felice. Sorridevano tutti. Io ero su Marte. Nella sala d'aspetto ho sfogliato gli opuscoli sugli schizofrenici. C'era l'illustrazione di un cranio con molte freccette a dividerlo. Era quello che avevo appoggiato sul collo. Ma certo. M'avrebbero disegnato per farmi studiare dai geni. Il caso nell'anno dei medici.

Dopo poco s'è spalancata la porta e l'ho visto lo strizzacervelli. Dei lineamenti appena accennati sul volto. Necessitavano di trucco per definirsi. Stava eretto sull'uscio con un'espressione benevola. Una giacca a righine. Lo sguardo rivolto verso l'interno. Di quelli che prima di rivolgersi altrove percorrono il buio del corpo. Uno sguardo d'artista. Sono entrata da sola nella stanzetta di pelle. Poltroncine girevoli da televendita. Attestati sulle pareti. Collezioni di francobolli. Mi ha stretto le mani e ho percepito la forza. Avrebbe potuto ingoiarmi. Farmi sparire dalla faccia della terra. Sembrava uno che a parte il viso mancante possedeva di tutto. Un intero armamentario per demolirti. Dovevo restarmene zitta. Mettere la sicura alla bocca. M'avrebbe rubato anche l'anima quell'imbecille. Giocherellavo con le frange della sciarpa. Mi faceva le domande. Rispondevo a monosillabi. Dovevo stare molto attenta. Captavo gli elettrostimolatori che voleva piantarmi nel cervello. Come quelli che aveva usato Gianmaria per la sua pancia.

S'era comprato questo aggeggio all'importante televendita. Un parallelepipedo in latta pieno di manopo-
le. Di lunghi fili con le placche a terminarli. C'erano
anche delle fasce elastiche che s'avvolgeva attorno al
corpo. Con lo strappo. Voleva diventare tonico. Con i
muscoli. Troppa fatica la palestra. Troppi microbi. Era
arrivato un pomeriggio. Col corriere. Da pagare in
contrassegno. Al ritorno l'aveva messo nella camera da
letto. Emozionato. Febbrile. In attesa del miracolo. S'e-
ra steso sul lenzuolo chiedendo d'aiutarlo. Avevo fatto
acrobazie per sistemargli tutto addosso. Poi il voltag-
gio. Scossa elettrica. Osservavo la sua carne sollevarsi
contraendosi. Lo vedevo che soffriva. Resisteva. Delle
smorfie. Stavo al fianco. L'assistevo. Massaggiavo quel
suo cazzo perché avesse del conforto. Poi il contatto.
Le scintille. Fumo bianco. Delle fiamme. S'incendiava
il macchinario. Lui provava a liberarsi. Corri a prendere dell'acqua. Mi veniva anche da ridere. Lo pensavo
diventare un uomo torcia. La notizia sul giornale. In
prima pagina. Dài fai presto. Gianmaria che poveretto.
Gridava li denuncio. Farabutti. Alzava i pugni con i fili
che gli pendevano fino alle caviglie. Sembrava un albero decorato con delle ghirlande. Dal dottore della mente continuavo a stare zitta. Seguitava a molestarmi. A
volermi mettere le placche con la scossa sulla mente. Se
non parla non riesco ad aiutarla. Punti interrogativi
nella nebbia. Ho detto la prego mi prescriva psicofarmaci. Li ha prescritti. Una ricetta. Mi chiami quando se
la sente di parlarmi. Ma certo. Tutti i giorni. Ho già il
destino col guinzaglio. Il collare intorno al collo. Sono il
cagnolino della sorte. Può bastarmi.

Sono uscita con Gianmaria che mi teneva stretto un
braccio. Cercava di farmi togliere il cappotto. Togliersi
il ridicolo. Angelica ci guardano. Avrebbe voluto sot-
terrarsi. Gli s'infiammavano le guance. Perché non ho

sputato per terra quella volta. Perché non ho fatto la pazza veramente. Si vergognava quello stronzo. Si vergognava di sua moglie. Tenevo la testa bassa. Poi l'ho alzata prima d'entrare nella macchina. C'era un sole coi contorni. Una vagina dilatata lancia fiamme. Mi pesava il berretto sulle sopracciglia. Ho girato il naso verso il lato opposto. Vedevo il finestrino allontanarsi dalla traiettoria dei miei occhi. Li ho fatti muovere veloci tutt'attorno. Quasi lo sapessi necessario per vederla. Quell'altra me rinchiusa nella gabbia. Come allo zoo mi sono vista. Era dietro una vetrina. In una gabbia tra le altre. Tutte scimmie saltellanti. Lei col fiocco verde. Le zampine a stringere una sbarra. Quel disgusto per la rabbia che ti copre ma non serve disegnato sulla bocca. Sono corsa. Sono andata a parlare col commesso. Mi batteva il cuore tra le tette. Ho dovuto uscire un attimo. Aspirare sigarette. Gianmaria diceva forse non è il caso di comprarla. Guarda che carino il pesce rosso. Si è messo le mani nei capelli quando sono entrata nella gabbia. Io la voglio. Stavo in mezzo a quelle scimmie. Nella giungla delle imprigionate senza mamma. L'accarezzavo la più piccola. Mi sembrava mi volesse. Mi sembrava mi dicesse adesso prendimi. Mi sembrava me da piccola quando volevo essere stretta tra le braccia. Non aveva paura la toccassi. Nello specchio ero riflessa. Tra le scimmie salticchianti. Gridacchiavano per l'intrusa col cappotto. Le avrei salvate tutte. Ero l'arca. Fuori la pioggia di un diluvio. Io che non ho mai salvato nessuno. Io che ho sempre cercato salvezza. Io l'ho fatto. Portarla fuori dal negozio. In quel momento ho salvato la zia. Veronica-culo-da-favola. Me stessa. L'avrei chiamata Souvenir. Il souvenir della mia angoscia.

PREMI

C'era quella calma che ti massacra. Quando tutto sembra perfetto e invece è una merda. Gianmaria voleva portarmi dalla sua mamma a mangiare i biscotti. Li aveva fatti. Dici di no perché non li conosci. In una cosa ci riusciva benissimo. Farmi innamorare degli psicofarmaci. Tenevo in braccio la scimmia. Tutta composta. Parevo una distorta madonna con un Gesù peloso sul grembo.

A lui non piaceva l'animaletto. Aveva pisciato sul letto. È stata la prima cosa che ha fatto. Poi s'è attaccata alle tende. Angelica sembra una giungla. Voleva la riportassi al negozio. Io con lei stavo meglio. Lei riusciva a capirmi. Mi faceva le coccole. Mi dava l'affetto. Con Gianmaria invece mi scivolavano addosso le voglie. Era così pieno di niente da devastarti. Ogni tanto mi s'allucinava la vista e guardandolo vedevo il suo corpo disposto su una croce di legno. Mi si crocifiggeva davanti quel povero cristo. Il sangue a colargli dalle caviglie e dai polsi. Quando accadeva mi sentivo una farabutta. Andavo con lui al ristorante per farlo contento. Non mangiavo più niente. Mi portavo nello zainetto dei semi di miglio. Li mangiavo col cucchiaino. Dentro i tappi delle bottiglie. Non mi sopportava quando iniziavo quel pasto. Diceva Angelica stai esagerando. Sua madre continuava a perseguitarmi. Mi perseguitava anche il doppio dopo quell'incidente dei nervi. Temeva lui dimagrisse. Si rovinasse lo stomaco con i surgelati che avevo iniziato a saltare in padella. Fagli la peperonata. Questo il consiglio. Avrei risolto ogni cosa con quell'intruglio. Buttato nel water gli psicofarmaci. Corso nei prati a inseguire farfalle. Cucinagli una bella peperonata succosa. Quando me lo diceva sgranava gli occhi come una pazza. E come muoveva le labbra a pronunciarla. Peperonata. Sembrava un pesce. Una trota. Guarda che la scimmia può sputarvi nei piatti. Il giorno prima era arrivata con un vestito da contadinella. Fiorato. Le mancava solo il cestino di paglia. Detestava la bestia. Non potevi comprarti un animaletto diverso. Cosa penseranno i vicini. Che sei una selvaggia. L'aveva il suo pollo nella borsetta di plastica. Bello arrostito e croccante. Un pollo che avrebbe vinto al concorso. Lo tirava fuori con quell'orgoglio da campionessa. Vedi cosa deve saper fare una donna. Io stavo priva di sensi a guardare fuori dalla finestra. Mordicchiavo gli ipnotici. Mio marito non se n'è mai andato per questo. Gli ho preso la gola capisci. Se solo imparassi una volta per tutte invece di fare la stravagante. Vedrai che prima o poi lui ti lascia. Reagisci. Se non lo fai si prende un'altra. Ti molla. Avrei voluto scendere in strada. Prostituirmi. Far ruotar la borsetta. Masticare dei profilattici. Dovresti imparare a cucinare la peperonata. Fagli una bella peperonata cosa ti costa. Bella e sugosa con un po' di pepe. Sarebbe contento. Ci metteresti pochissimo. Ti aiuterebbe a riprenderti. Io ti ho avvisato se continui così poi lo perdi. Sarei scesa per strada a cosce scoperte. L'avrei data ai camionisti. Sputato sborra sul cruscotto. L'osservavo dimenarsi attorno al tavolo. Riempirlo di dettagli. Allineare le posate. Mettere i bicchieri di traverso. Bofonchiare le minchiate. Stavo immobile. La scimmia sulla spalla. L'unico sollievo in quel contesto d'imbecilli. Li detestavo tutti. C'era un inizio di sommossa. L'ascoltavo raccontare lei da giovane. Non mi pareva fosse possibile. Lei giovane. Magari diversa ma giovane no. Inammissibile. Era già nata così. Con quelle tette pazzesche e quel sacchetto col pollo. A sua madre avevano dovuto divaricare la fica con un divaricatore d'acciaio per estrarla da dentro. N'era uscita fumante con la tovaglia avvolta al collo come una sciarpa. S'era messa subito ad apparecchiare la tavola. Non l'immaginavo con un cazzo nel corpo. L'aveva messa incinta un fantasma. Una fata grassa con la bacchetta. Al posto della fica aveva una zucca. La lingua l'usava solo per leccare il gelato. Se non fossero esistiti i gelati potevano pure tagliargliela. Anche le tette potevano tagliargliele. Tanto non doveva più allattare nessuno. Quando ho partorito Gianmaria ero bella e raggiante. Cercavo d'immaginarla bella e raggiante ma non ci riuscivo. Vedevo un parallelepipedo buio a rappresentarla.

Non li volevo i biscotti. Non m'andava d'andare dalla sua mamma. Gli spazi si restringevano. Mi s'avvicinavano i quadri alla testa. Mi cadevano addosso. Perché non ti sforzi. A lei piacerebbe. Mia madre ti vuole bene come a una figlia. Si è girato e l'ha detto. Mi sono girata e l'ho pensato. Che stronzata ipergalattica.

Ma poi le figlie per le madri cosa sono. Un attaccapanni su cui appendere le proprie menzogne. Un prolungamento della propria carne. Delle alunne a cui insegnare come genuflettersi davanti alla catastrofe dell'essere donne. Una creatura che le assomiglia. Una copia su cui proiettare i bei tempi mai avuti. Un duplicato su cui proiettare le proprie sconfitte. Uno scoiattolo. Un bastone per le disgrazie. La tappa per sentirsi feconde. Un passatempo simile al cruciverba. Qualcosa che deve essere fatto per sentire d'avere famiglia. Un ostacolo per spassarsela nella giovinezza. Una medaglia d'appuntarsi sul petto. Il contenitore in cui mettere i sogni. I sensi di colpa. Un bersaglio da colpire col sentimento. Ogni volta un pugno allo stomaco. Tutto questo col punto di domanda a concludere.

Gianmaria s'è avvicinato per prendermi il braccio. Quando faceva così era arrivato il momento. Ne aveva voglia. La stanza da letto. Niente biscotti. Posizione strategica. Del missionario. L'espressione costruita appositamente sul volto per celebrare l'unione dei corpi. Quella sofferente che la passione richiede. La smorfia. Il possesso. Il dovere del maschio. Facciamo un bel figlio. Di nascosto prendevo la pillola. Simulavo da mesi l'orgasmo. Andavo a masturbarmi con una melanzana nel bagno. Mi s'irrigidivano i muscoli. Scopava malissimo. In maniera metodica. Non accettava consigli. Non variava una mossa. Aveva il programma. Il progettino studiato a memoria. Un iter che seguiva in maniera impeccabile. Mi scopava con calma. Serissimo. Diventavo un libro contabile pieno di numeri da mettere in ordine. Faticava. Scalava montagne. Dài ancora coraggio. Dài che puoi farcela. Aveva un invisibile pubblico attorno a spronarlo. Un giro d'Italia. Gli guardavo la faccia. Sembrava fare la cacca. E poi il momento fatidico. Il sospirato momento. L'eiaculazione grandiosa. L'applauso. Io sempre immobile sotto. Lui con la bocca allargata e contratta. Un pugnale conficcato di dietro. L'occhio divaricato più delle mie cosce. Divaricava le cosce degli occhi insistendo. Partoriva un leprotto dal culo. Gli pestavano il piede sinistro. Soffriva tantissimo. Mi crollava sul petto. Ansimante. Sudato. Distrutto. Un infarto. Quel pomeriggio quando m'ha preso per accoppiarsi mi sono ribellata di brutto. Mi sono girata e l'ho detto. Inculami adesso. Avevo gli psicofarmaci anche nei pollici. Palpebre posizionate a mezz'asta. L'ho detto perché mi nauseavo in quel contesto. Quel perbenismo da carciofini sott'olio. Quel teatrino da piazza. Quelle continue menzogne. Io come loro ero bugiarda. Loro mentivano nel continuare a correggermi. Io lo facevo a resistere. Inculami adesso. Mi sono girata e l'ho detto. Si è girato e ha risposto. Mi sembra di mancarti di rispetto. Non aveva voluto mai farlo. Era contro i suoi sani principi. Ero contro di lui in quel momento. Se non lo fai me ne vado. Mi sono girata e l'ho detto. Si è girato e ha risposto. Ho paura possa ferirti. Mi sono girata e l'ho fatto. Appoggiarmi con le braccia al frigorifero. Si è girato e l'ha fatto. Appoggiarmi la pancia contro le natiche. Ciò che ho più sentito scopando con lui non è certo il suo cazzo. La pancia. Quel cuscino di carne a colpirmi. Mi sono girata e l'ho detto. Più forte. Si è girato e l'ha fatto. Provarci. Ho iniziato a pensare ai conigli in campagna. A quando corrono liberi. Ho visto le loro orecchie disposte nelle casse. Li ho visto spuntare dal basso. Cercavo qualcosa che lo facesse. Correre. Libero. Sulle montagne. In mezzo al deserto. Nell'oceano pacifico. In una scatola. In un labirinto. In profondissimi boschi. Nell'aria. Non c'era nessuno che lo facesse del tutto. Nessuno corre libero. Sono in gabbia. Fanculo. Ho pianto. Lo avvertivo dietro muoversi con fiacca. Lui era l'ago. Io l'asola. Era in giacca e cravatta. Ogni tanto m'accarezzava la testa. Sentivo la scimmia arrampicarsi sulle mie gambe. Graffiarmi i polpacci. Proseguire girandosi sull'altro corpo. Quello di Gianmaria. Continuare a scalarlo. Arrivargli alle spalle. Farlo sbuffare. Trattenere quella bestemmia. Andare oltre. Sul collo. La testa. Tirargli le orecchie. Avanzare. Salire sul tetto del frigorifero. Sistemarsi seduta di fronte alla mia faccia. Fissarmi negli occhi. Stupita. Incredula. Volere comprendere. Quale buffa tristezza. C'era la nebbia. Saliva dal pavimento. Tra quei fumi una frase. Ti vuole bene come a una figlia. Ma io figlia non lo ero mai stata. Ero la madre che avevo perso.

Sei strana. Non lo sono. Sì lo sei. Perché dovrei esserlo. Perché lo sento. Da quando senti. Tu non senti. Sono stanca. Stanca di cosa. Di noi. Non m'avevi mai detto di esserlo. Non me l'avevi mai chiesto. Non mi chiedi mai niente. Perché me lo hai chiesto oggi. Perché stai male. Chi sta male. Tu stai male. Tu non stai bene. Io sto benissimo. No. Non è vero. Sei malata Angelica. Non sono malata. Siamo andati dal medico ricordi. Certo ricordo. Devo essere paziente. Chi l'ha detto. Lo psichiatra l'ha detto. Ho sbagliato a dirtelo. Cosa. Che sei strana. Perché. Perché sei malata e devi curarti. Sono stanca di qui. Perché. Perché sono stanca di te. Sei solo stanca. Sì sono molto stanca. Hai preso le pastine oggi. Non trattarmi come un'imbecille. Non l'ho mai fatto. Lo fai sempre. Quando. Spesso. Lo fate spesso. Chi. Tu e tua madre. Mi sono rotta i coglioni. Cosa ti prende. Mi sono rotta i coglioni. Angelica abbassa la voce. Me li sono rotti. Stai calma ti prego. Stai calmo tu. Io già lo sono. Sì lo sei sempre. Vedrai Angelica passerà. Passerà lo so che passerà. Non passerà invece. Devi solo curarti amore. Non ho bisogno di cure. Cerca d'essere ragionevole. Proviamo a parlarne. Parlare di cosa ho aggiunto. Non abbiamo mai niente da dirci. Non è vero. È verissimo. Ho prenotato il ristorante. Non ci vengo. Non vuoi più venire da nessuna parte. Le tue parti non m'interessano. Angelica ti prego prendi le pillole. Avrei voluto dirgli vai a farti fottere. Non l'ho fatto. Avrei voluto dirgli mi fai cagare. Non l'ho fatto. Avrei voluto dirgli sei un'alga nella cucina di un ristorante cinese. Non l'ho fatto. Voglio uscire un attimo. Ho detto questo. Ho bisogno di uscire un attimo. Poi ritorno. Solo un attimo. Non preoccuparti. Poi torno. Fammi aprire la porta. Stare fuori mezz'ora. Sulle scale. Mi siedo sulle scale. Stai tranquillo. Ho una piccola ricaduta tutto qui. L'hai detto anche tu. Sono malata. Poi passa. Ripetevo poi passa. Passa. Mi metto sul primo gradino. Puoi controllarmi dallo spioncino se non mi credi. Promesso. Controllami dallo spioncino. Prendo anche la pillola guarda. Va tutto bene. Solo un piccolo attacco di panico. Erano diventati un'arma gli attacchi di panico. Li usavo quando ero esausta. Nauseata. Alla frutta. Mi sono sistemata per terra. Se allungavo il braccio toccavo lo zerbino di casa. Lui m'esaminava dal foro. Esaminava la matta. Mi faceva male il sedere. Gli avevo detto più forte. Così aveva fatto. M'aveva sfondato lo stronzo. Non so perché rimanevo. Se riflettevo sulla mia vita là fuori vedevo un ingarbugliato labirinto di ghiaccio. Scorgevo Angelica perdersi dentro. Non c'era scampo. Solo il suicidio. Ho cominciato a meditarci sul serio. La corda. Il grilletto. Il soffitto. Overdose di psicofarmaci. Il polso. Lametta. Sangue nell'acqua. Tra le vene uno squarcio. Fornelli. Testa nel forno. Gas nella bocca. Tubo di scappamento. Le tempie. Pistola. Proiettile. Un lancio. Balconi. Di sotto. Il ponte. Annegarsi. Le macchine. Buttarsi nel traffico. La scossa. La vasca. La radio che cade. Il phon per capelli. Bel cappio. Serranda. Mettevo lo smalto alle unghie ragionando tranquilla. Quasi riflettessi su cosa comprarmi da mettere. Accarezzavo la bestia. Sarebbe tornata a essere orfana. Avrei raggiunto la zia paralitica. Avrei abbandonato Veronica-culo-da-favola. M'avrebbero messo come la zia nella camera ardente. Dei fiori bianchi sul petto. Era una così brava ragazza. Quant'era buona. Quant'era bella. Avrebbe parlato anche chi non m'aveva mai visto. Sarei divenuta un'eroina. Una santa. L'aureola. Era talmente gentile. Talmente fragile. Lascia un marito dolcissimo. Una suocera che l'amava come una figlia. Che dramma. Che strazio. La vita a volte è terribile. Una candela si spegne. Lo stoppino sospira. Un filo di fumo che sale. Il sipario si chiude. Penombra. Silenzio. Un applauso. Titolo della tragedia. "I dolori della giovane Angelica."

Ha iniziato a piovere mentre pensavo al mio melodramma. Entravano gocce da una finestrella. Mi si bagnava la testa. Stavo per alzarmi quando l'ho visto. Stavo per alzarmi e non l'ho fatto. Stavo per alzarmi e l'ho centrato con gli occhi. Il ragazzino bellissimo con in mano una palla. In quel momento m'è parso un miraggio in quel luogo abitato dal nulla. M'è sembrato un raggio di sole che asciuga la pioggia. La stessa dolcezza. La stessa speranza nella solitudine. Un fiore che sboccia nel grasso. Bellezza. Freschezza. Rugiada sul petalo secco. Purezza. M'è parso qualcosa d'eccitantissimo. Colori intensi a risvegliarmi l'erotismo. La libidine. Una penetrazione il suo entrarmi negli occhi. Stavo godendo a guardarlo. L'ho mangiato con le pupille. Gli ho chiesto di tutto. Non riuscivo a non farlo. Chiedere il nome. I suoi anni. Scartare il pacco. Strappare il fiocco. Afferrare quel dono con furia. Guardava meravigliato la scimmia. Gliela porgevo. Ero in maglietta e mutande. Mi chiamo Matteo. Ho tredici anni. Io non li ho. Non ho niente. Avrei voluto avere il passamontagna. Coprirmi la faccia. Mi sentivo vecchia. Vecchissima. Souvenir gli tirava le orecchie. Avrei voluto mi tirasse la palla. Desideravo giocare con lui. Desideravo saltargli addosso. Desideravo un impatto fisico. Desideravo mettermi nuda. Desideravo mi appartenesse. Desideravo non se n'andasse. Chissà com'ero io a tredici anni. Non lo ricordavo. Lo ricordavo benissimo. Era diverso. Bruttissimo. Perché stai in mutande. Quale vergogna. Lui era perfetto. Mi piaci. Non gliel'ho detto. Mi piaci tantissimo. Vorrei infilarti la lingua in bocca. È il costume che uso quando vado alla spiaggia. Ho raccolto conchiglie. Ho nuotato sott'acqua. Sei una bugiarda. Rideva. Non c'è il mare qui. No ti sbagli. Ci vado con l'elicottero. Vado sulla mia isola. Mi butto tra i pesci e poi torno. Cercavo d'affascinarlo. Di non fargli capire quanto ero triste. Temevo scappasse. Capisse. Sentisse quanto avevo bisogno di un dettaglio di vita decente. Ero imbarazzata. Arrapata. Ipnotizzata dalla sua bellezza. Quegli occhi. Le labbra. Le braccia. Il suo naso. La pelle. I capelli. Il respiro. Il suo collo. Quei denti. La fronte. L'altezza. La carne. Il profumo. Gli zigomi. La sua maglietta. I suoi sandali. Piedi scoperti. I polpacci. Ginocchia. Caviglie. Fossette. Le cosce intraviste. La leggera peluria. Le mani. Le dita. I suoi polsi. Le ciglia. I pantaloncini cortissimi. Le orecchie. Il suo mento. La gioia che aveva. La voglia. La vita. La corsa. Lo slancio. Entusiasmo. Vittoria. Lo sguardo. Sorriso. Pienezza. Spensieratezza. Le unghie. Il respiro. Lo spazio. La voce. La lingua. Quel salto. Di tutto. Io niente.

Sentivo l'occhio di Gianmaria perforarmi la schiena. Raggiungere i muscoli. Pescarli. Un amo affilato partiva dalle sue pupille. Il suo occhio nello spioncino in mezzo alla porta. Sentivo la corda di un reale del cazzo tirarmi. Rivolermi là dentro. Tra il fango. Nel nulla del sempre. Nelle ripetizioni del gesto. Continuare a nascondermi. Attendere l'annientamento. Nessun imprevisto. Sentito cordoglio. Solo l'affanno. Una corsa a ostacoli. Riuscire a resistere.

Conigli dentro cellette. Farfalle dentro retini. Pesci dentro barche. Uccelli dentro voliere. Cavalli dentro recinti. Ippopotami dentro a dei pozzi. Giraffe dietro le sbarre. Oche dentro i barattoli. Minestroni dentro le pentole. Veronica-culo-da-favola dentro l'armadio. Angelica dentro le stanze. Angelica fuori da tutto. Angelica sul pianerottolo. Avrei voluto rimanere per sempre in quell'istante. Giocare con quel ragazzino. Con la sua palla. Rapirlo portandolo dietro a un boschetto. Succhiarmelo tutto. Come un ghiacciolo all'arancia. Accresceva l'attrazione fisica a ogni secondo. Avrei voluto ridere forte. Far crollare il cemento. La desolazione. La rabbia. Matteo ti va di giocare. Non so come ho fatto. Dove ho trovato il coraggio. L'ho chiesto. Giochiamo a palla. Tirala adesso. Tu me la lanci. Mettiti in fondo. Mi tremava la faccia. Non avevo mai fatto cose del genere quando ero piccola e fumavo le sigarette. Souvenir correva da tutte le parti. Stavamo facendo un macello. Paravo ogni colpo. Lui m'osservava sorpreso. Si divertiva in quell'imprevisto. Era un cortile quel luogo di marmo. C'era l'erbetta. Un sole immenso. Le margherite scrollate dal vento. L'avrei leccata la palla. Tracce di sudore delle sue mani nella mia bocca. L'avrei mangiata. Inghiottita. Azzannata coi denti. E ogni volta che la prendevo era un abbraccio. E mi sentivo leggerissima. E mi sentivo in calore come una cagna. E mi sentivo davanti qualcosa di straordinario. Me stessa.

Sarebbe uscita la vecchia col braccio meccanico a lamentarsi. Dire ora basta. Fermarci. Io la guardavo con astio. Cazzo perché non sei sorda. Perché non hai anche le orecchie di gomma. Matteo salutava. Prendeva la palla. Uno strappo. Cosa da urlo. Cosa da urlargli non così. Non adesso. Portami con te. Non lasciarmi. Ancora un minuto. Un secondo. Fammi entrare nella tua cameretta. L'immagino bella. Incredibile. Col sole al posto del lampadario. Il profumo di caramella. Perché non posso rapirti. Infilarti in un sacco. Comprarti. Accarezzarti tutta la notte. Mi ha sfiorato col braccio passando. Al tocco ho iniziato a tirarlo. L'ho fatto con le narici. Aspiravo la riga del suo passaggio. Annusa dio cristo prendilo tutto. Riempiti dentro. Che possa bastarti fino alla prossima volta. Mantieni la calma. Ricambia il saluto. Tranquilla. Non deve capirlo. Sei pazza. Sorridi. Coordina la voce. Lo sguardo. Digli ciao. Ok perfetto. Ora prendi la scimmia. Stai andando benissimo. Gira il culo. Rientra. Hai il cuore a punta. Lo sento. Così l'avevo guardandolo. Così l'avevo mentre s'allontanava diventando invisibile. Mi trapassava il petto a ogni battito. Ho aperto la porta. Tre passi. Io dentro. L'ho chiusa. La casa. La stessa. Di sempre. Mi sono ritrovata davanti a Gianmaria tutto gioioso. I suoi denti erano artigli. A ogni sorriso m'afferrava la nausea. Avrei vomitato sulle sue scarpe. Tenevo Matteo dentro il naso. Lo annusavo continuamente. Quella serata è stata terribile. La nostra peggiore. Mai niente di simile. Non vedevo l'ora s'addormentasse. Se mi toccava saltavo per aria. Ogni carezza una scossa. Ogni bacetto un supplizio. Fissavo una mosca per concentrarmi. Per non esplodere. Per trattenermi. Quella sera ha voluto la carne in padella. Mi ha pizzicato il sedere. Mi diceva sei proprio una bimba. Giochi ancora alla palla. Gli ho sciolto metà ipnotico nella cotoletta. Stai zitto. Presto s'è disteso sul letto. Nel regno dei sogni. Russava sereno. Avanti continua. Sto sveglia.

Non ho dormito quella notte. Non ho dormito. Quella notte non l'ho fatto. Un secondo almeno. Almeno mezzo. Almeno quello. Sempre sveglia. Sempre e solo camminare per le stanze. Un torrente nel cervello. Uno scroscio nella mente. Una girandola a ruotarmi nella testa. Un ragazzino a ruotarmi dentro il petto. Dei rimbalzi. Delle prese. Delle botte sulle tempie. Di continuo. Senza sosta. Forsennato parto di pensieri. Elaborazioni del fantastico. Deviazioni del reale. Trasformazioni del presente. Se provavo a trattenermi mi colmavo d'emozione fino all'orlo. Se provavo a domandarmi mi si conficcava un'asta tra le ossa. Non riuscivo a chiedermi cosa aveva scatenato quell'incontro-scossa elettrica. A un certo punto sono salita sull'armadio. Gianmaria dormiva. Dormiva come un sasso. Matteo abitava al piano di sopra. Me l'aveva detto la vecchia con il braccio meccanico. Che vendeva tappeti la famiglia. Dei persiani. Sono qui da pochi giorni. Brava gente. Avete fatto un gran macello. Potevo morire per l'infarto. Mi sembravano le bombe. Lo scoppio della guerra. Era scoppiata la rivolta dei miei sensi. Appiccicavo il cranio sul soffitto. Ci aderivo il lobo. Il resto. Ero in cerca del respiro. Del suo sonno. Ascoltavo quel silenzio. Maledivo quei persiani maledetti che mi negavano l'ascolto. L'immaginavo accatastati. Li stendevano dovunque. N'ero certa. Le montagne. Tramezzini variopinti. Dovevano avanzare col bastone in quella casa. Arrampicarsi. Sono scesa per rinchiudermi nel bagno. Nella vasca ho fumato sigarette. Souvenir l'avevo stretta tra le gambe. Perché non scappasse. Perché la sentissi prolungamento del mio corpo. Un altro posto capiente da riempire coi conflitti. Non riuscivo da sola a contenerli. Mi dicevo adesso smettila. Sei grande. Sei impazzita lo capisci. Smettila. Sei impazzita. Sei grande. Adesso smettila. Smettila adesso. Impazzita. Grande. Sei. Adesso. Sei impazzita. Adesso smettila. Capisci. Sei grande lo capisci. Sei impazzita lo capisci. Lo capisci. Smettila. Ho chiamato Veronica-culo-da-favola per calmarmi. Lei era sempre chiusa dentro. Aveva anche la torcia. Guardava opuscoli sui viaggi. Guardava il mare dei Caraibi. I delfini accarezzati dalla gente. I villaggi con la paglia. Le spiagge fini come zucchero. Le collane floreali sulla pelle. Se mi concentro Angelica succede. Ci riesco. Riesci a fare cosa me lo dici. Ad arrivarci. Sto facendo un esercizio. Mi dico adesso sono nei Caraibi. Le mie mani sono nei Caraibi. I miei piedi sono nei Caraibi. Il mio culo è nei Caraibi. La mia faccia è nei Caraibi. Io sono nei Caraibi. Io sto nuotando nel mare dei Caraibi. Io raccolgo le conchiglie dei Caraibi. Stavo per buttarle giù il telefono. Le ho parlato dei pavoni per distrarla. Le ho raccontato che dormono sugli alberi. Ha ripreso a delirare con il dramma. Angelica se un giorno telefonerai e non risponderò. Se succederà devi pensarmi sopra gli alberi. Devi pensare che sono un pavone che sta dormendo tra le foglie. L'ho salutata palpitando. Una tachicardia straordinaria. Sono tornata nel mio letto. Perforavo il soffitto con la vista. Di Matteo vedevo quel respiro caldo che è del sonno. C'ero io che gli uscivo dai polmoni e dalla bocca. Come il genio dalla lampada. Mi stava ossessionando. Lo vedevo dappertutto quella notte. Avrei voluto scappare. Avrei voluto fuggire nel futuro come avevano fatto i miei genitori quando avevo nove anni.

A nove anni i miei genitori m'hanno parlato d'un viaggio lunghissimo. All'estero. Ho associato quelle due parole. Il futuro era l'estero. Stava là. Magnifico. Loro ci andavano. Andavano a prenderlo. Dicevano stiamo partendo verso un futuro migliore. L'avrebbero trovato in quel luogo. In quell'estero che prendeva il mio posto. Chissà che colore aveva. Quale forma. Se era un insetto con ali metalliche. Un cigno. Corpo da orso. Le zanne. Bianchissime. Li avevo davanti. Genuflessi. Due stronzi. Le mani a tenermi. L'olio di paraffina sui mignoli. Mi scivolavano addosso. Mi spostavano da un'altra parte. Lontano. Portavano il gatto con loro. Un persiano dorato. Lui non riuscirebbe a far senza. Ne soffrirebbe diceva mia madre. M'accarezzava i capelli. Avevano già steso dei teli sui mobili. Chiuso a chiave le stanze. Divorato gli armadi. Preso tutte le cose. Le bambole nello scatolone. Le borse. La vita. Ora andrai dalla zia. Non sappiamo per quanto. Guardavo la mia famiglia ribaltata per terra. Le tapparelle abbassate. Le tracce dovunque della mia infanzia là dentro. Un segno sul muro fatto con la bicicletta. Il disegno di un'oca col pennarello su un tavolino di legno. Il tappeto dove giocavo alla lotta. La mia veloce discesa all'inferno. Vedrai sarà fantastico Angelica. Ti piacerà il nuovo posto. Sei piccola. Capirai. Non adesso. Non capivo. Non volevo. Se lo facevo precipitavo nel buio. Nel vuoto. Non volevo mi lasciassero sola. Nonostante fossero sempre distratti. Nonostante non m'amassero mai abbastanza. Nonostante fossi per loro una figlia arrivata in un brutto momento. Nonostante spesso li sentissi distanti. Nonostante faticassero nel farmi le coccole. Nonostante mi mancassero sempre tantissimo. Nonostante sapessi che desideravano a volte io non ci fossi. Nonostante mi trascurassero per i loro bisogni. Nonostante vivessero con i tappi alle orecchie. La benda sugli occhi. Nonostante tutto l'elenco di fatti io ho pensato che sarei crepata all'istante se m'avessero chiuso la porta.

Negli ultimi giorni m'avevano preso la filippina. Una donnetta di cui non ricordo più nulla del volto. Completamente rimosso. Loro si preparavano per quel lancio nel futuro e forse non avevano tempo. E forse mi preparavano al distacco. Lei mi portava il pomeriggio tra i cani. Nel giardinetto davanti. Un parallelepipedo con un grosso albero centrale e l'attorno coperto di cacca e un po' d'erba. Mi liberava tra le altre bestiole e io guardavo là in fondo le vecchie raccogliere ortiche. Cresceva l'ortica in quella specie di parco da poco. Le guardavo e soffrivo perché in quei giorni mi riconoscevo in ogni piegamento del corpo. Lo ritrovavo in qualcosa che avevo vicino a dove nasce la disperazione. Una flessione acrobatica di quel sentimento a contorcermi le budella. Tanto lo sapevo cosa stava succedendo. Mi s'era amplificato l'olfatto. Impotente annusavo tutto quell'abbandono che volava spiegando ali scure nel mio cielo. Gli ultimi giorni m'ero costruita grandi orecchie da coniglio con la carta e correvo in mezzo ai cani con la filippina che m'urlava di fermarmi. Avrei voluto m'azzannassero fanculo. Mi ricoverassero d'urgenza per averli tutti e due ai lati del lettino. Costretti a non partire per la figlia moribonda. Ero talmente disperata che nessuno sarebbe riuscito a correggermi. M'hanno abbandonata una mattina dalla zia con la sclerosi multipla. Con la sua domestica romena quella straniera puttana. M'hanno lasciata in quel cubo affilato che mi pungeva anche il cuore. Una casa d'orrore. Mi salutavano con la manina mia madre e il consorte. Avevano negli occhi la gioia di vivere. Non una lacrima.

Li avrei raggiunti quella notte pensando a Matteo. Li avrei raggiunti in quel futuro che forse non esisteva neppure. Che forse era un rettangolo nero in cui terminare di vivere. Li avrei raggiunti perché mi faceva spavento l'emozione provata per un adolescente. Quell'ossessione nata da subito. Incontenibile. Assurda. Che non riuscivo a comprendere. Guardavo Gianmaria cercando di sedarmi. Stava comodo nel sonno. Il capo leggermente reclino. Un'espressione soddisfatta sul volto. Le braccia sotto le coperte. Al caldo. Gli si vedeva solo la faccia. Era sereno. Tranquillo. Beato. La morte.

Quella notte. Un'altra con quel marito nel sonno di fronte. Lo vedevo e rimaneva terribile. Come sarei riuscita ancora a baciarlo. Mi s'arrotolava verso il palato la lingua al pensiero sfiorasse quella che lui aveva in bocca. Da colluttorio il contatto. Da potente antisettico. Non mi sarebbe dispiaciuto si facesse l'amante. Dirottare su un'altra povera crista i doveri coniugali d'assolvere. Mi stava bene di tutto. Pure essere cacciata per cattiva condotta. Sarei andata dalle suore. In convento. A pregare in ginocchio. Vestita di stracci. Avrei cercato una redenzione dalla lussuria. Desideravo un ragazzino diciassette anni più giovane. Questo a distruggermi. Questo a eccitarmi anche il fegato. Desiderare cosa. Meglio non dirlo. D'averlo. La sua tenera carne da mordicchiare come una merendina alla fragola. Inghiottirgli la pelle. Ero curiosa di conoscerne il gusto. Di leccargli le labbra. Bramavo soprattutto una scena dolcissima che ci vedeva incollarci le facce. Quasi mi trovassi anch'io nell'adolescenza. Mi proiettavo a occhi chiusi un filmetto. Non c'era un contesto. C'eravamo noi due che iniziavamo quell'atto. Con esitazione. Il trambusto dei sensi. Il tremore nell'avvicinarsi. Il rasentare dei nasi. L'impatto. Inchiodarsi le bocche. Risucchiarci nel vortice di un bacio lunghissimo. Mordevo il cuscino per sopprimere l'esaltazione. Per rientrare in quello stato di rassegnazione perenne. Ora hai ciò che volevi. Ciò che ti serve. Un marito. Dignità per la folla. Questa è la vita che deve avere una donna a trent'anni. Mi deprimevo all'idea d'accettarne le regole. Stringevo i pugni facendo mentali macelli. Guardavo le favole. Occhi giganti da cervo. Rincorse nei boschi d'emozioni purissime. Nel pomeriggio m'ero recata dall'altra agli arresti. Dalla vecchia col braccio di gomma. Lei sapeva tutto di tutti. Volevo informarmi. Strappare notizie su quella famiglia del pargolo. Dovevo riuscirci. Armarmi di sana furbizia. Abbattere la resistenza. Ho seguito la prassi. I preliminari di convenienza. Il saluto d'esordio. Fumarmi tre sigarette. Simulare interesse per due grosse ciabatte. Le aveva ai piedi. Un filo dalla suola partiva infilandosi nel muro. S'accendevano con la corrente. Erano rosa. Di cattivo gusto. Con le lucine ai bordi. Due astronavi per terra. N'era entusiasta. Le dicevo sono bellissime. Non me ne fotteva una minchia. Dovevo addolcirla. Camminava con la prolunga. Un sigaro conficcato tra le dita meccaniche. Il cane col pannolone le inseguiva annusando. Cercava di morderle al collo. Cretino stai fermo. Gliele aveva regalate suo figlio. Viveva in Finlandia. In Finlandia era diventato ricchissimo. Pizzerie dappertutto. Le spediva oggetti moderni e introvabili. Come quel braccio. La poltrona vibrante. Un letto elettronico. Mi faceva le dimostrazioni quel pomeriggio stendendosi. S'alzava la superficie piegandola. Portandole in alto la testa. Le gambe. Un supplizio. Cercavo di dirigere la conversazione su altro. Sui nuovi inquilini. I loro tappeti. Le chiedevo se ne conosceva la provenienza. In quale paese prima abitavano. Angelica vieni a distenderti. Cambiava discorso quella demente. Voleva l'imitassi. Godessi dei comfort di quel marchingegno. Passava in rassegna ogni programma del telecomando. Partivo nuovamente all'attacco ritrovandomi ad angolo retto sul letto. Avevo il materasso che mi spingeva in avanti la schiena e l'ho chiesto. Non trova sia deliziosa quella famiglia? Ho atteso annuisse. Mi contraddicesse. Porgesse nuove sul conto. Le s'innescava una sorta d'autismo. Angelica m'ha detto mio figlio che la prossima volta mi spedirà un cuore esterno. L'ho detestata. Non me ne fregava niente del cuore e del figlio. Volevo parlasse. Ho ripetuto con un filo d'astio la frase. Non trova siano deliziosi? Avevo manganelli nel tono che usavo. Sbagliavo. Cercavo il ritegno. Su prova a mantenere la quiete nei polsi. Non pensa anche lei che siano assolutamente deliziosi? Ho creduto mi domandasse di chi stavo parlando. Ma niente. Parlava di quel cuore del cazzo. Mio figlio me lo spedirà dalla Finlandia. Ero gonfia. Ripartivo con la mia rappresaglia. Non trova lo siano? Angelica capisci che mi porterà un cuore esterno d'appendere al collo con un pulsante per dirigerne il battito? Porca puttana potevo esclamare a quel punto. E invece mi controllavo come un pilota d'aereo. All'improvviso m'ha tirato addosso uno sguardo terribile. Ha premuto un tasto rosso facendo atterrare lo schienale del letto di colpo. Oddio pensavo ora inserisce il programma "aggressione di notte". Quello con la scossa elettrica nel caso qualcuno cerchi nel sonno d'ucciderla. Stava a bocca chiusa studiandomi. L'ha aperta per dirmi con quello potrò campare per sempre e fumarmi di tutto. Io giro i tacchi. Me ne vado e non torno. Questa la riflessione che ho fatto. Non aveva più senso ormai per me quella donna. Ora ero in un nuovo universo. Poteva averne solo come informatrice ma non riuscivo a dirigerla. Forse captava le onde. Le vibrazioni del mio scompiglio. Mi si piegavano i nervi stando con lei su quel letto. Crollavano sul materasso. Cedevano perché li vedessi cercarlo. Notassi l'evidenza di quella curva rivolta dove stava la luce. Matteo. La sua giovinezza. Accresceva la voglia. Trovarlo. Vederlo. Me l'ero negata prima d'uscire ma ora premeva l'istinto chiamando. Desiderava l'assecondassi. Cercavo d'oppormi ma non riuscivo a resistere. Era più forte di me. Più forte di tutto. C'era questa volontà inclassificabile che riusciva a corrompermi. Che mi portava a sentirne l'assenza. A sentirne il bisogno. Riaverlo ancora un momento. Un confronto. Capirlo. Farmi conoscere. Riuscire a studiarlo. Assorbirlo. Quell'energia che aveva scatenato la sua presenza. La rivolevo. Ancora una volta. La rivolevo per mangiarmela tutta. Ero una bulimica davanti a un frigorifero. Che non si dà pace finché non si è riempita lo stomaco. Non lo ha svuotato del tutto. Souvenir saltava in groppa alla sua povera bestia quando con una scusa qualsiasi ho preso la porta. M'ero sentita in ostaggio. Un ostaggio con l'astinenza. Mi serviva il laccio emostatico. Un ago insulinico. Spararmi in vena Matteo per riprendermi. Il sangue della mia voglia nella siringa. Ho aperto la finestra guardando di sotto. Ho aperto e m'è apparso. M'è apparso Matteo. Come l'inferno s'illumina. Come t'infilo tra i capelli un'aureola. Tu non sei un bambino. Sei un angelo. Avevo la bava alla bocca sedendomi. Sistemando il culo sul davanzale. Le gambe nel vuoto. C'era una quercia a coprirmi. Un minimo spostamento e cadevo di sotto. Era arrivato il momento propizio per studiarlo a distanza. Memorizzarlo. Rilevarne anche se in maniera sommaria i dettagli. Stava di sotto. Con gli altri. Coetanei. Nel cortiletto. Li osservavo rincorrersi. C'era anche una ragazzetta. Coi brufoli. Non potevo vederli da quella lontananza ma li vedevo lo stesso. Gli stava addosso sbavando. I capelli trattenuti da un fiocco. Una coda equina e ballonzolante le pendeva sul collo. Una smorfiosa stronzetta con le moine da lolita perversa. Lei poteva toccarlo capisci. Lei lo faceva. Lei poteva parlargli. Lei poteva sfiorarlo. Abbracciarlo. Ho iniziato a parlare da sola. A dire mi piaci tantissimo. Tanto non mi sentiva nessuno. M'ero disegnata dei brufoli col pennarello. Fatta una coda alta col nastro come quella troietta. Ero con lui. Ero di sotto. Sarebbe stato di molte. Una maglietta a righine larghissima. Jeans tagliati al ginocchio. Cercavo d'immaginarlo nudo studiando i polpacci. Le forme che intravedevo nelle aderenze. Un ragazzino lo spingeva ridendo. Fingevano di fare a botte. Quelle stronzate dei maschi per affascinare le femmine. Osservavo la passione che possedeva nella colluttazione dei corpi. Mi vedevo con lui sopra un letto. Mi sarei masturbata ma temevo qualcuno vedesse. Era bello. Potente. Invincibile. Un adolescente dalla sensualità accentuatissima. Erano proprio carini i maschietti. Le femminucce no. Provavo ribrezzo. Ce n'erano altre. Vanitose e cretine con quel rosa negli abiti. Le avrei prese a calci. Squittivano. Le avrei incendiate come le nespole. Gesto per cui mio padre ha tentato d'uccidermi. Per le nespole rare.

Le nespole rare arrivavano dal Giappone. Io avevo sette anni. Le avevo prese dal barattolo. Puzzavano. C'era alcol dentro. M'ero messa in piedi sulla sedia davanti al lavandino. Le bruciavo coi fiammiferi. S'incendiavano. Immaginavo fossero bombe. Le facevo esplodere. Dovevo vincere una guerra. Mettevo attorno le mie bambole. Lo facevo per difenderle. Altrimenti i nemici le ammazzavano. È arrivato mio padre bestemmiando. Bestemmiava come un turco. Sono nespole rare mi gridava scuotendomi con rabbia. Mettendomi le mani al collo. Stringendo. Strabuzzavo gli occhi. Lo ricordo. Di tutto il pandemonio scatenato quella storia dei miei occhi m'era piaciuta tantissimo. Mi vedevo nello specchietto davanti. Lo usava mia madre per rifarsi il trucco. Guardava quello sguardo storto. Le sue mani a spuntarmi dal mento. L'ho rifatto per un mese. L'autostrangolamento. Era arrivata mia madre in mutande a liberarmi. Le ballavano le tette. Gridava smettila non vedi è tua figlia. Loro non erano mie figlie. Le detestavo. Tutte. Detestavo quella ninfetta che cercava di circuirlo. La detestavo con tutta me stessa. Si faceva tirare i capelli quella bastarda. Si faceva pizzicare le guance quella bastarda. Si faceva alzare la gonna quella bastarda. Mi saliva la furia negli occhi a guardarla. Mi s'irrigidiva la faccia. Ho sputato di sotto. Volevo colpirla. Ho risputato di sotto. Volevo centrarla. Ho risputato di sotto. Volevo annegarla. Ho lasciato la schiena inclinarsi. Spingersi verso l'interno. Proiettarsi contro il pavimento. Sono caduta vicino alle gambe del tavolo. Non sopportavo più quella vista. Dovevo scaraventarmi per terra. Fare la botta. Nella mia immaginazione vedevo una scena raccapricciante quel giorno mentre mi lavavo la faccia. Vedevo Matteo che montava quell'adolescente. La montava come un cavallo. Loro in mezzo alla paglia. L'estate. Le stelle. La voglia di vivere. Io da un buco a spiarli. Soffrirne. La racchia. Bramare il suo posto. In ginocchio a pregarlo. Almeno uno sguardo. Mi sono attaccata a una bottiglia di brandy. Quando Gianmaria è arrivato ero sbronza. Non c'erano i piatti sopra la tavola. Nessuna minestra. Quella sera ha fatto finta di niente. S'è messo alla tv. Un panino. Le televendite. Io per lui stavo diventando qualcosa. Invisibile.

Hai tagliuzzato le scarpe di mia madre. Perché. Dimmi che bisogno c'era. Le aveva lasciate qui per i lavori domestici. Le hai tagliuzzate tutte. Lo avevo fatto. Con le forbici. Con efferatezza. Quella notte. Una nuova notte insonne. Nonostante la sbornia. M'ero chiusa nel bagno. Le vedevo composte. Su quelle mattonelle striate di rosso. Volevo oltraggiarle. Massacrarle. Fare a pezzi sua madre. Il buon senso che cercava di farmi acquisire. Demolire una volta per tutte quel sentore d'inadeguatezza. Come piaceva a lei. Una per tutte. Una volta per tutte affettare il castigo che m'infliggeva addestrandomi. Io per lei ero l'animaletto da circo a cui insegnare come saltare nel cerchio infuocato senza incendiarsi. Ripudiavo la razionalità che desiderava si accumulasse nella mia mente. Apprendere l'arte di venerare la suocera. Seguirne l'esempio. Diventare accessorio. Un mestolo. Un soprammobile. Una moglie con proprietà terapeutiche. Calmanti. Da camomilla. Inveivo contro le scarpe. Contro di lei. Contro quello cui ulteriormente m'ero ridotta. Una che sbava per i tredicenni. Iniziavo a sgarrare deviando traiettoria. Disertavo il tragitto della moglie affidabile. Gianmaria quella sera non s'era allarmato al rientro. Stavo seduta. Sorseggiavo altro brandy. M'aveva detto pacatamente. Angelica forse è meglio tornare dal medico. Vai a letto. Poi basta. Poi il suo panino davanti al bagliore catodico. Iniziava a scomunicarmi dai suoi interessi. Stavo diventando l'antagonista del matrimonio a norma di legge. Si vedevano i primi segni rivelatori del suo stancarsi. S'era rassegnato all'idea di non riuscire a normalizzarmi. Come biasimarlo. L'indifferenza. L'avrebbe adottata sempre più spesso. Avevo perso prestigio come moglie perfetta. Stavo diventando impossibile. Angelica vorrei tanto sapere perché le hai distrutto le scarpe. È inutile. Non prendi le pillole. Stai peggiorando. Sono in ritardo. L'avvocato m'aspetta. Sì vattene. M'ha stretto un braccio. Sei stupida. Non me l'aveva mai detto. Ok dimmi sei stupida ma ti amo lo stesso. Non lo dico. Lo stavi dicendo. Stavi dicendo sei stupida ma ti amo lo stesso. Non ero poi così sicura m'amasse lo stesso. Speravo non m'amasse lo stesso. Non ero d'amare lo stesso. Non ero. Il mattino illuminava il nostro cattivo gusto. Io con la bocca impastata d'alcol. Lui con la ventiquattr'ore nella mano sinistra. Un bacio sulla guancia destra. La nostra demenza. Nessun contatto profondo. Stavamo su quella superficie che scivola. Uno scarso equilibrio mantenuto con fiacca. Un filo sottile. Noi sopra tentando di non ribaltarci in una pozza di merda. Buon lavoro tesoro. Tesoro. Un'ipocrita. Una codarda. Mi spaventavo di tutto. D'andarmene. Di rimanere. Di quello che per Gianmaria non provavo. Di quello che per Matteo confusamente nutrivo. Ero da rifugio antiatomico. Ho infilato nel bidone le scarpe. C'era del rimpianto. Ero stata vittima di un eccesso. Di un delirio d'onnipotenza. Angelica sei stata vittima di un eccesso. Di un delirio d'onnipotenza. Nessun delirio. Nessuna onnipotenza. Nessun errore. La cosa giusta. Lo rifarei anche adesso. Smettila. Sii seria. A cosa ti serve. Una ribellione ridicola. Concentrati sui lavori domestici. Chiudi le tende. Ho chiuso la tentazione di perdermi nei meandri di un sogno. Un sogno insano. Perché tutti i sogni lo sono. Insani. Ti contaminano. Sono il virus che nel sangue s'insinua. T'abbindola. Ho tirato le tende per negarmi di guardare di sotto. Per cercare di non cercarlo. Per non sentirmi una schifosa pedofila. Ho tirato le tende come facevo da piccola per separarmi da tutto.

Le chiudevo per stare sola nella mia cameretta. Quella che avevo dalla zia era senza la porta. C'era la tenda al suo posto. Con il vento si spostava. Vedevo la domestica. Una romena monolitica. Dormiva senza le mutande. Sopra le coperte. Come un cane. Non aprivo le finestre per paura di vedere il suo sedere. La sua fica poderosa. Il suo ventre. Trafiggevo quel tessuto di parete con le forbici. La romena era stata assunta dalla zia con la sclerosi multipla. Petto gonfissimo. Morbidi fianchi. La chioma a caderle sul culo se sciolta. Una vipera. Mi faceva il bagno con lo spazzolino da denti. Graffiava. Diceva Angelica sei bella ma stronza. Aveva un accento a salire. Una rivoltella di voce. Sparava. Ti colpiva al cervello quando gridava. La zia l'adorava perché non le faceva senso lavarle le cose. Là in mezzo. La masturbava io credo. L'ho sempre pensato da grande. Quando sono cresciuta in quello squallore. Da sola. Dalla zia quando sono arrivata ho amato da subito solo la lampada. L'avevo in camera. Un abat-jour color pesca. Era alto. Aveva la testa. Mi arrivava davanti. L'avevo chiamato Jacopo. Io lo baciavo abbracciandolo. Ci strofinavo sopra la lingua bagnandolo tutto. Era la mia speranza. Il fidanzatino di vetro e metallo. L'unico posto in cui riuscivo a fare aderire il mio corpo. Poi ci parlavo nelle notti in cui mi mancava un po' tutto. M'alzavo e l'accendevo. Quando l'accendevo m'illuminava. Compiva il miracolo. Mi toglieva dall'ombra dell'incubo. Faceva schifo poi il resto. Tiravo la tenda per non vederlo. Tiravo le tende quella mattina. Per non vederlo. Matteo. La mia nuova lampada. Avrei voluto abbracciarlo come facevo con Jacopo. Soffrivo per l'impossibilità che s'avverasse. Per il nostro risiedere in regni che nessuna strada sarebbe riuscita a congiungere. E sempre bramavo una cosa. La stessa. Rinascere. Non farlo per niente.

Un giorno tornerò. Diversa. Un giorno tornerò danzando sulle punte. Membra morbide. Corpo di panna montata. Vento nel cuore. Stringimi fino a che sarò sonno. Stringimi perché ho paura. L'ho scritto sopra un foglietto. L'ho fatto dopo aver parlato con Veronica-culo-da-favola. Dopo aver ascoltato le grida che faceva sbattendo la testa. Cercando di liberarsi dal dramma. Ti prego ora ascoltami. Tentavo di parlarle. Sedarle l'isterismo. Gridava se tu vedessi che buio fa il legno. Alzava la voce a ogni impatto con le pareti del mobile. Usava il cranio come un ariete che sfonda. Ti vengo a prendere. Ti vengo a prendere cazzo. Urlavo ancora più forte. Più forte di lei che ripeteva non farlo. E continuava. Poi passa. Tranquilla. Non voglio. Non così. Non adesso. Con calma. Quando ha detto con calma m'ha preso a cazzotti. Quale calma dio cristo. Non arriva la calma. Non arriva mai niente. Fammelo fare ti supplico. Vengo e ti prendo. Vengo e ti libero. Dammi solo cinque minuti. Prendo la macchina. Angelica no. Angelica smettila. Lasciami perdere. Non mento. Non posso. Non ora. Ti giuro. Prima o poi ci riesco. Le ho sbattuto il telefono in faccia. Un colpo tra i denti. Dato calci all'armadio. Prendevo la rincorsa per farlo. Volevo rovinarlo. Distruggergli un'anta. Urlavo ti libero. Ti libero. Libero tutti. Mi nasceva l'impulso di liberare Souvenir in un bosco. Di andare allo zoo. Spaccare tutte le gabbie. Sono scesa in strada con lei sulla spalla. Un'ora d'aria. Mancava là dentro. Scongiuravo di non incontrare quel ragazzino. Sarei saltata per aria. Speravo qualcuno l'avesse investito con l'auto. Che fosse morto. M'era successo da bambina di desiderare una morte. La morte della figlia del medico. L'avevo fatto chiamare una sera da quanto ero triste. Mi mancavano i miei genitori ed era Natale per tutti. Tutti i bambini avevano la mamma e il papà. Io invece la zia sulla sedia a rotelle. Il dottore abitava di sotto con un'intera famiglia perfetta. Era venuto una volta che avevo quaranta di febbre. La sua mano sulla mia faccia. Quella voce calda e rassicurante. Avrei voluto sposarlo. Essere sua figlia. L'immaginavo nel letto con gli orsacchiotti. I baci della buona notte. La camomilla. L'avrei picchiata. Preso il suo posto. Speravo scappasse di casa. Venisse uccisa per sbaglio. Speravo lui mi dicesse che aveva bisogno di una nuova figlia. La sua era scappata. Era morta.

Speravo Matteo l'avessero ucciso per sbaglio. Cazzo doveva terminare il tormento. Sgattaiolavo furtiva nel cortile di sotto. Gli occhiali scuri. La scimmia. M'avventuravo nei viali. Prendevo distanza dalla zona rossa. Forse mi sarebbe servita una sciabola per difendermi da un possibile attacco. Sentivo il bisogno del sesso. Mi si bagnava la fica a pensarlo. M'immaginavo in un letto grandissimo. L'incenso saliva verso il soffitto. Tredicenni in mutandine di pizzo. I loro cazzi visibili nelle trasparenze. Matteo il migliore di tutti. Il cavallerizzo senza caschetto. L'avevano gli altri sui crani. Piccole cuffie di plastica rigida. Mi penetravano in coro. Io ero il direttore d'orchestra. Gli succhiavo le palle godendo. Ero nell'orgia. Con tanti. Lo stesso. Solo Matteo dieci volte. La negazione moltiplicava l'oggetto. Era diventato una flotta. Ero diventata sempre più grande per contenerla. Sarebbe stato tutto più semplice. Bastava un decesso. Potevo sparargli. Aspettarlo sul balcone e centrarlo tra gli occhi. Poteva cadere dalla bicicletta. Spaccarsi la testa. Potevo mettere delle bombe sparse in tutto il palazzo. Alle nove di sera quando c'erano tutti. Sarei morta anche io. Gli altri abitanti del cazzo. Già lo vedevo Gianmaria. Disintegrarsi. Far schizzare il suo stomaco. Minestrone anche sul lampadario. Scrupolosamente avanzavo senza abbassare la guardia. Souvenir mi tirava le orecchie. Poi proprio all'angolo. Oh sì c'era da immaginarselo. Ma certo. Sicuro. Tangibile questa sfiga in missione. Questa sfiga è una torta a più piani. Un profiterole di sfere di merda. Lui con la mamma. Pensa il quadretto. Quale gaiezza incontrarli. M'ero appena accesa una sigaretta. Ero tesa. Già pronta. Quasi lo sapessi sarebbe successo. Una sfera in cristallo. Non una mente. Io la veggente. Quella signora distinta col pargolo. Per fortuna non mia coetanea. Aveva l'aria compassata da ricca dama sdegnosa. Il tailleur di lino portato con la camicetta. Il mezzo tacco. La messa in piega. Matteo m'è venuto incontro. Voleva accarezzare la scimmia. M'ha disarmato all'istante. Ridotto a un niente. Gli avrei fatto l'inchino. Tremavo come una foglia. Una foglia accarezzata dal vento. Lo stesso vibrare nei muscoli. E il cuore. Che genio. S'è arrestato in un tuffo. Il trampolino. Una rincorsa e giù sotto. Nell'acqua di un'emozione che mi pietrificava anche i nervi. Una donna in cemento. Coraggio. Mantieniti salda. Nemmeno un indizio a rilevare il tuo panico. Lui e la sua mamma erano formiche coi denti. Mi morsicavano tutta. Mi rivestivano. Ne avvertivo le zanne. Un attacco crudele. Il castigo divino. Dio perché mi punisci ogni volta. Cosa t'ho fatto. Lo sai che tentavo la redenzione pregando in ginocchio. Frustami adesso. Cosa manca alla lista di questa condanna. Sono già pazza. Piena d'interferenze. Credi ne abbia bisogno? Vuoi il sangue? È questo che cerchi di comunicarmi? Vuoi sterminarmi per la mia scorrettezza? Sono col pensiero un'adultera. Una perversa. Ma io lottavo per non diventarlo. E tu che fai? Colpisci alle spalle. Me lo metti davanti. Mi dici Angelica sforzarsi è impossibile. È un segno. Mi sondi. Vuoi scoprire fino a che punto riesco a respingerlo. Vuoi disonorarmi. Mi vuoi tentare. Ma forse non sei tu. È colpa del

diavolo. Tu sei scappato da me. Lui è arrivato a sostituir-
ti. In balia della forca. Le corna. Le fiamme. Buongiorno
signora. M'ha chiamato così quella stronza. Che botta.
Carina la scimmia. È andata a prenderla nella foresta?
Matteo non farti leccare le braccia. Stai attento. Parlava
dandosi toni da nobildonna che sterilizza a uno a uno i
piselli. Io le studiavo la pelle. Mentalmente facevo con-
fronti. Io ero molto più fresca. Doveva averne almeno
quaranta d'anni. Stavo svenendo. La carne del figlio a
due passi dal morso. T'azzanno se non indietreggi. M'ha
sorriso a un tratto. C'era della malizia. Non potevo
confondermi. Quel lampo che ha a che fare col sesso.
Con quello di cui avevo bisogno. Mi sbagliavo di certo.
M'offrivo un reale contraffatto dal sogno. Una scusa
qualsiasi. Questo ho pensato. Ora vattene. Scusate. Alla
prossima volta. Arrivederci. Fai presto. Ho ingranato la
marcia. Camminavo veloce. Sono entrata in un parco. Ho
messo la scimmia su un albero. Stavo sotto guardando
davanti. C'erano due pensionati su una panchina. Due
maschi. Un bastardino vicino alle gambe. Erano tristi. Soli. Stanchi. Piegati come libretti. Erano brutti. Sofferenti.
Rassegnati. Immobili come due lastre di marmo. Anche a
me sarebbe successo. Sarei diventata così. Già mi sentivo
vecchissima. Mi spuntavano rughe dovunque ogni volta
che avevo Matteo dentro agli occhi. Alla mente. Ho iniziato a fare capriole nell'erba. Souvenir mi correva attorno contenta. Diventavo un'infante con tutta la gioia davanti. Felice. Spensierata. Imbecille. Leggera più di una
nuvola. Trattenevo le lacrime. Arrivavo davanti ai due
vecchi. Centrifugavo i miei muscoli. Ridevo invece di
piangere. Volevo farli schiattare d'invidia.

Mentre rientravo dopo le capriole sull'erba. Mentre
rientravo con quel senso di sconforto. Di vuoto che non
si riempie. Mentre rientravo maledicendo i miei anni.

Mentre rientravo uscendo da tutto. Dalle poche premesse. Dai miei tentati discorsi. Dalle mie convenienze. Mentre rientravo con lui tra le gambe delle mie resistenze. Matteo stava là in mezzo fottendole tutte. Mentre rientravo e non avrei voluto avere la carne. Il cervello. La mente. Mentre rientravo l'ho visto. Sulla parete. In un negozio. Là in fondo. Un vestito da zorro. La spada inserita sul fianco. Il mantello con la zeta di raso lucente. I pantaloni larghissimi che potevano entrarmi. Una veste da vendicatore potente. Ciò che mi serviva in quel momento. Ciò che mi serviva per punirli. Vendicarmi dei miei anni. Pungerli con la punta della spada e poi trafiggerli. Farli sanguinare tutti quanti. Maledetti. Troppo grande. Troppo piccola. Mai una dimensione conveniente. A sei anni l'avevo desiderato un abito del genere. Lo ricordavo assai bene il momento. I miei genitori non volevano comprarmelo per paura che diventassi una lesbica. Troppo piccola per oppormi. La rinuncia. L'impotenza. Non vorrai mica diventare una lesbica. Diceva mia madre. La parola lesbica mi suonava elastica. L'associavo alla parola cavalletta. Lo stesso salto a pronunciarla. Le lesbiche erano cavallette. Le cavallette erano lesbiche. Le cavallette erano verdi. Le lesbiche erano verdi. Le rispondevo non divento verde se me lo compri. Le femminucce si vestono da fatine o principesse. Ribatteva mia madre guardandomi storto. Ero stata costretta a indossare una veste rosata con il cappello tempestato di fiori di campo. Da madamigella primaverile. Mi stringeva un elastico al collo. Uno strangolo per cani da combattimento. Mi sarebbe rimasto per ore quel segno. Una linea rossastra. Lo detestavo quel laccio emostatico con la margherita nel mezzo. L'odiavo quel trionfo di stoffa che mi gonfiava i perimetri. Mi sentivo ridicola. In quel periodo sognavo di essere un maschio col pistolino davanti. Mi terrorizzava l'idea d'avere un giorno quelle escrescenze di carne sul petto come mia madre. Speravo al loro posto mi spuntassero i peli come mio padre. Pisciavo in piedi a cavalcioni sul water. Mi spalmavo in faccia la schiuma da barba. Mi vestivo da maschio. Non le volevo le gonne. Indossavo pantaloni a scacchi. Polo abbottonate fino alla gola. Grandi scarpe da ginnastica. Un cappello di pelliccia con la coda di procione penzolante. Capelli corti con il ciuffo sopra gli occhi. L'avrei voluto quel vestito da sfoggiare tra le femmine. Per sentirmi più potente. Con la spada per ferirle quando mi schernivano. Mi hanno sempre presa in giro tutti. Da piccola una volta ho sentito dire da un genitore che ero una diversa. Non l'ho più dimenticato. Io l'aliena caduta sopra la terra.

Con Souvenir sono entrata nel negozio. La commessa era simpatica. Con la maglia verde fluorescente. M'ha sorriso quando le ho chiesto d'incartarlo. È per mio figlio. Le ho inventato delle frottole. È per lui. Per l'orgoglio della mamma. Le raccontavo di una recita. Non vedevo l'ora di indossarlo. Anche il mitra per favore. Anche quello. Dovevo fare in fretta. Anticipare quel rientro. Il rientro del marito rompipalle. Sono corsa verso casa. Ho infilato anche la scimmia nel sacchetto. Attraversavo con il rosso. Mi mancavano sul tetto le sirene. Mi sentivo una ragazzina che si è comprata il regalo più bello del mondo. Una volta a casa mi sono spogliata di tutto. L'ho infilato con furia. Lo strappavo con i denti. Quanto avevo desiderato quel momento. Io una Zorro. Dalla finestra vedevo due bambini. Erano nella casa di fronte. Piegati sui compiti. Gli vedevo la faccia e un po' anche il corpo. Sicuramente avevano la merendina al latte vicino ai quaderni. La spocchia da viziatelli. Proprio come quei bambini non diversi che invidiavo da piccola. Che possedevano la cameretta coi piumini profumati sul letto. Le mille coccole. La sicurezza. Niente pidocchi. Sono uscita a spargargli col mitra. Sono uscita sul terrazzo e ho sparato più volte. All'inizio non m'avevano visto. Poi si sono buttati per terra. Quanto mi piaceva il loro spavento. Forza terrorizzatevi. Io sono un mostro. Se voglio ho due teste. Mi spunta quell'altra se voglio. Se voglio sputo fuoco dai denti. V'incendio se voglio. Non sono umana. Non sono vera. Non ho trent'anni. Mi diverto. Non sono triste. Gioco con voi. Prendete le armi. Sono una bambina piccola. Ho solo dieci anni. Ho dieci anni per sempre. Coraggio. Colpitemi. Continuavo a colpirmi. Ogni volta che premevo il grilletto sparavo in testa ai miei anni. Ne uccidevo diciassette. Diventavo di Matteo coetanea. Senza tutto quel passato soffocante. Senza tutto quel presente privo di senso. Correvo da destra a sinistra. Dall'altra parte. Mi mettevo a mirare in ginocchio. Lo so siete là. Su allo scoperto. Hanno tirato giù le tapparelle. Vigliacchi. Sono rientrata con le lacrime agli occhi. Mi scendevano lacrime a rigarmi gli zigomi. Quale schifosa tenerezza.

Fino all'arrivo di Gianmaria non ho fatto altro. Solo fumare sigarette. Una dietro l'altra. Seduta sull'armadio. Cercando la sua voce. La voce di quel ragazzino che m'aveva illuminato l'inferno rendendomelo più visibile. Questa volta la luce non mi toglieva dall'incubo. L'amplificava schiarendolo. E mentre fumavo non c'era niente di bello a cui aggrapparsi. E mentre aspiravo pensavo a quanto l'avevo fatto da sempre. Fumare. Avevo iniziato dalla zia. Dopo il quarto giorno. Dopo il quarto da lei. Dopo quattro giorni dall'abbandono. Un concerto. Le accendevo continuamente. Sigarette comprate nel tabacchi di sotto. Dalla donna con un solo occhio. L'altro era coperto da garze. Andavo a fumarle in un buco che c'era in un campo vicino. Una specie di tomba lunghissima. Mi buttavo dentro e aspiravo con gusto. Quando arrivavano gli altri bambini provavo vergogna. Temevo sapessero che ero una di quelle bambine tristi. Senza la mamma. Senza il papà. Con la zia rovinata dalla sclerosi multipla. Temevo pensassero che fumavo in quel modo perché ero sola. Una poveretta. Mi chiamavano la tabagista. Non giocavo con loro. Gli davo la schiena. A volte mi colpivano con una spada alla testa e scappavano. Gridavano abbiamo ucciso la tabagista. Li guardavo rincorrersi. Ridere. Li vedevo con camerette bellissime. Moderni giocattoli. Una madre bionda ai fornelli. Gli abbracci. Quando tornavo nell'ascensore buissimo li avevo ancora negli occhi. Puzzavo di nicotina. Mi sedevo alla tavola. Mangiavo con la testa bassa. Mi pareva di stare in una locanda dei mostri. La zia a fine pasto si smontava la bocca. Sfilava la dentiera succhiandola con le labbra. Anche la romena provava disgusto ma almeno lei sopportava per soldi. Non c'era mai uno straccio di gioia. Un ventaglio che muovesse quell'aria funerea. I primi giorni là dentro sono stati terrificanti. Desolazione pienissima. Ho iniziato a masturbarmi. Lo facevo ogni sera prima d'addormentarmi. Mettevo le scarpe negli angoli della tenda. Perché non si muovesse. Perché la romena non mi vedesse. M'accarezzavo per sentire dolcezza. Il lieve orgasmo finale. Quell'esaltazione del corpo in un'infanzia deserta. Decapitavo le bambole. Gli incidevo il collo con la lametta. Volevo m'assomigliassero. Un cuore lontano dalla propria testa. Quell'incubo. Poi lentamente mi sono estraniata del tutto. Nemmeno sapevo dov'ero. Sapevo solo sarei cresciuta. Che non sarei morta.

Non sarei morta quella sera apparecchiando la tavola. Non sarei morta baciando Gianmaria con la lingua. Non sarei morta servendogli il millesimo minestrone nel piatto. Non sarei morta standogli accanto a guardare le televendite. Non sarei morta allargando le gambe. Non sarei morta prendendo il suo cazzo. Non sarei morta stando sveglia al suo fianco. Non sarei morta salendo sopra l'armadio. Non sarei morta desiderando Matteo ancora una volta. Non sarei morta ascoltando il silenzio. Non sarei morta per l'immortalità del supplizio.

Dove sono le mie scarpe. Dove le hai messe. Le avevo lasciate in questo posto. Tentavo di calmarla. Le avrà portate via e non lo ricorda. Sarà stata sicuramente quella scimmia maledetta. L'ho visto in un documentario che si mangiano di tutto. Teneva i pugni ben chiusi appoggiati sui fianchi. Un pugile pronto a colpire di destro. Se la prendo la strozzo. Girava per le stanze come un'ossessa. Le saltavano le tette dentro la maglia. Souvenir s'era chiusa nell'elettrodomestico. Le vedevo il musetto. Dietro l'oblò. Gli occhi sgranati da psicopatica. Quando arrivava la madre di Gianmaria si nascondeva nella lavatrice. Si nascondeva là dentro. Mentre brontolava imprecando uscivo in terrazzo. Controllavo ci fosse. Rientravo. Rifacevo quel gesto. Una giostra. Girava fortissimo. Perdevo i contorni di tutto il contesto. Mi girava la testa. Vedevo sfumarsi la rabbia di quella donna. Diventare acquerello. Non riuscivo a sentirla. Era altro a tenermi. Una faccia sospesa nell'aria. Saliva da terra piazzandosi. Davanti. All'altezza giusta per prenderla. Appuntargli sulla bocca le labbra. Se avessi avuto le ali sarei riuscita a raggiungerla. Se fossi stata un uccello avrei effettuato quel lancio. Sarei volata nel cielo per prenderla. Angelica smettila una volta per tutte. Devi ascoltarmi. Che stai facendo. Perché esci sempre. Devi trovarle. Le avrei detto sono stata io deficiente. Le ho rotte tutte. Lasciami perdere. Non ho più la sopportazione che serve per digerirti. S'accaniva sul letto. Devi stenderle le lenzuola. Spingerle agli angoli. Guarda per bene una volta per tutte. Una volta per tutte. Quanto le piaceva quell'una volta per tutte. Non esisteva una volta. Era sempre una volta per tutte. Una per tutte. Ora stai meglio. Devi smetterla di crogiolarti. Anche a me è successo quand'ero giovane d'avere una crisi di nervi. Succede alle donne. Angelica smettila una volta per tutte. Devi ascoltarmi. Che stai facendo. Perché esci sempre. Una faccia sospesa nell'aria. Saliva da terra piazzandosi. Davanti. All'altezza giusta per prenderla. Appuntargli sulla bocca le labbra. Se avessi avuto le ali sarei riuscita a raggiungerla. Se fossi stata un uccello avrei effettuato quel lancio. Sarei volata nel cielo per prenderla. Quant'è stupido quell'animale. Parlava della mia scimmia. L'avrebbe buttata dalla finestra. Tu non capisci ma quella bestiaccia è piena d'insetti. Secondo lei Souvenir poteva far uscire dal suo pelo di tutto. Addirittura gli scarafaggi. Sai che ho visto un documentario dove c'erano animali come quello con delle bolle vicino agli occhi? All'improvviso esplodevano e uscivano gli scarafaggi. Non l'avrebbe accarezzata nemmeno coi guanti. Almeno mettila in gabbia quando ci sono. Lo sai che non la sopporto. Mi fa venire il disgusto. Un'ora prima le avevo fatto il bagno nel lavandino. Per renderla il più possibile presentabile a quella suocera. Era così piccola e fragile. Così indifesa e bisognosa d'affetto. Così senza colpe. Nessuna. Sentivo la responsabilità di averla. Sentivo la voglia di riuscire a proteggerla. Sentivo che avrei potuto farle di tutto. Anche bastonarla. Anche violentarla con una banana gigante. Prenderla a calci. Tagliarle il pelo con la macchinetta. Affogarla nel water. Tagliarla a metà con la sega elettrica. Potevo farle questo. Dell'altro. Chi avrebbe potuto salvarla. Chi avrebbe mai pianto. Come sarebbe riuscita a difendersi. L'ho pensato. L'ho stretta. Bagnata. Aderente sul seno. Ho pensato a lei. A quella che ero. Le ho detto. Non dovrai più soffrire. Nessuno riuscirà più a ferirti. Mi feriva invece quella condanna di donna. Una frusta. Mi batteva la schiena e sbraitava. Guarda bene una volta per tutte come si fa il letto. Tu non capisci che per dormire come si deve bisogna stendere le lenzuola in modo perfetto. Vedi che occhiaie ti sono venute. Anche a mio figlio gli si sono accentuate. Sembra uno zombi. E le camicie. Ma la vuoi capire che lui lavora dall'avvocato? Quell'avvocato ci tiene che il suo segretario sia elegante. Angelica smettila una volta per tutte. Devi ascoltarmi. Che stai facendo. Perché esci sempre. Una faccia sospesa nell'aria. Saliva da terra piazzandosi. Davanti. All'altezza giusta per prenderla. Appuntargli sulla bocca le labbra. Se avessi avuto le ali sarei riuscita a raggiungerla. Se fossi stata un uccello avrei effettuato quel lancio. Sarei volata nel cielo per prenderla. Metti un telo sul divano quando ci sale quella bestiaccia. Guarda quanti peli. Ci saranno anche gli scarafaggi. Ma non te li tagli i capelli? Sembri una zingara. Ogni tanto lo tirava fuori che sembravo una zingara. Vedeva tutto nei documentari. Ho visto un documentario dove c'erano gli zingari e una t'assomigliava. Sono scoppiata a ridere. La guardavo e ridevo. La guardavo e l'avrei presa a mazzate.

Controllavo le scale. Ho iniziato appena ha girato il culo. L'avevo sognato a occhi chiusi quel momento. Un suo saluto. Vado a messa Angelica. Vai dove cazzo ti pare. Il lucchetto si apre. Il sipario si chiude. Titolo dello spettacolo "La liberazione d'Angelica". Applauso. Le ho spinto dietro la porta. Mi sono scaraventata contro lo spioncino. Cercavo un suo possibile passaggio. Mi veniva automatico l'istinto. Mi rimproveravo a voce alta. Non farlo. Dai retta. Dài fallo. Dimentica. Sono andata a imbellettarmi per distrarmi. Volevo modificare la mia faccia. Cambiare l'effetto finale dei miei lineamenti. Non riconoscermi. Diventare un'estranea. Dimenticarmi almeno un secondo. Un'operazione chirurgica in assenza di bisturi. Mi spalmavo una quantità industriale di fondotinta chiarissimo. Eccedevo con il correttore nei punti strategici. Facevo ogni tanto le pause. M'ero portata un bottiglione nel bagno. Lo sorseggiavo con grazia quasi fosse vino in un calice. Avevo messo la musica alta. Quella moderna. Una vestaglia orientale aperta davanti. Sotto solo delle mutande da sesso. Sottili. Di pizzo. Sbattevo le chiappe. Ripetevo sono una grande fica. Una grandissima fica. Dicendolo modificavo lo sguardo facendolo intenso. Socchiudevo le labbra. Buttavo indietro la testa. Che fica sono. Tiravo fuori le tette. Riprendevo con il correttore a cancellarmi la faccia. Souvenir nel lavandino giocava con la schiuma da barba. Premeva l'erogatore facendola cadere per terra. Gridacchiava eccitata per quella scoperta. Si spostava nella vasca da bagno imbrattando. Saltava sul pavimento con la bomboletta. Continuava imperterrita. Non la fermavo per niente. Ero troppo coinvolta. Porca puttana che grande fica sono. Proprio una grandissima fica. Lo dicevo tutte le volte che sentivo Matteo arrivarmi addosso. Investirmi col fascino. Lo dicevo per dargli una spinta. Togliermelo almeno un secondo via dalla mente. Sono proprio fica. Una grande fica. Avevo nascosto le sopracciglia passandoci sopra un grande strato di fondotinta e di cipria. Insistevo sul naso. Su tutto. Riducevo il mio viso a una statua di gesso. Una statua bianchissima. Sembrava il viso appoggiato sul corpo di un'altra. Com'era successo a mia madre quand'ero piccola per colpa della lampada abbronzante.

I miei s'erano comprati la lampada abbronzante. L'avevano messa nel salotto. Nel salotto non c'era quasi nulla. Solo la tv e la lampada abbronzante. Se non l'usavano ci stendevano sopra una tovaglia. Gridavano litigandosela. Non potevo più stare nel salotto. Lo chiudevano a chiave per paura la rompessi. Se la rompi t'ammazzo. Rompi tutto. T'ammazzo. Avevano cercato già d'ammazzarmi per le nespole rare che arrivavano dal Giappone. Volevano ammazzarmi per colpa della lampada abbronzante. Arrivava dall'America. Lo dicevano a tutti che arrivava da là. Mi angosciava. Ci stavano a turno davanti. Chiusi a chiave. Io nel corridoio aspettavo uscissero. La notte facevo incubi. Si rompeva. La distruggevo sbattendoci contro. M'uccidevano a sangue freddo. Si abbronzavano continuamente. Solitamente a Natale andavamo a raccogliere i funghi in un paese del cazzo. Facevamo il presepe sopra la televisione. Li vedevo. Quel Natale non li vedevo più. Avrei voluto andare in quel paese del cazzo a raccogliere i funghi. Fare il presepe sopra la televisione. Vederli. Speravo arrivasse di notte un ladro a rubarla. L'odiavo. A capodanno faremo schiattare d'invidia tutti. Si deliziava mia madre al pensiero di farli schiattare tutti. L'ho vista nuda un pomeriggio con il viso nero su quel corpo sbiadito. Pareva incollato sul tronco di un'altra. Poi s'è ustionata. Inveiva contro quel marchingegno. Voleva buttarlo dalla finestra. Mi gridava dài prendila a calci. Dài sfogati. Ora puoi romperla tutta. Sono uscita in strada con la bicicletta. In pigiama. Senza il cappotto. C'era la neve. I vicini mi gridavano dietro che ero una disgraziata.

Io mi gridavo che ero una grande fica. Che gran fica sono. Una grandissima fica. Mai vista una fica del genere. Dovevo dirmelo un'infinità di volte. Un'infinità di volte m'arrivava il ragazzino addosso. Un investimento dopo l'altro. Fanculo. A un certo punto ha squillato il telefono. Era Gianmaria. Mi donava un miracolo.

Non sarebbe rientrato. Una cena d'ufficio. L'avvocato. I colleghi. Angelica vado con loro visto che tu non vuoi più venire. Certo caro non preoccuparti. Mi hai reso felice. Non gliel'ho detto. Mi vedevo riflessa con quel trucco abbondante. Gli ho detto a dopo tesoro. Ti aspetto. Ero entusiasta di spostare quell'appuntamento. Al ritorno avrei finto un sonno profondo. Dalla gioia ho infilato dei pattini. Pattinavo sbattendo nei mobili quando ho sentito l'allarme. La voce. La sua. Matteo. N'ero convinta. Non sbaglio. Mi sono precipitata. Spiavo dal foro. Stava con la sua mamma. Sul pianerottolo. Parlavano alla vicina col braccio meccanico. Storie di rubinetti. Di perdite. Cose da idraulico. Me lo mangiavo con gli occhi. Il suo profilo elegante. La compattezza. Dio cristo. Resisti. Vai nella camera. Vai nella doccia. Bevi lo shampoo. Prenditi a schiaffi. La salutavano. Buona serata. Alla prossima volta. No adesso. Adesso ti voglio negli occhi. Li vedevo voltarsi. Fare il primo gradino. Poi gli altri. Lo vedevo lasciarmi. Senso dell'abbandono. Ho aspettato un minuto. Due in tutto. Mi sono ritrovata sugli scalini coi pattini. Mi aggrappavo alla ringhiera con accanimento. Avanzavo tenendomi. Un'impresa riuscirci. I gradini come lastre di ghiaccio. Dovevo prendere la mira con calma. Centrarli. Diventavano il triplo. Si moltiplicavano come i pesci e i pani grazie a Dio. Non potevo fermarmi. Ritornare al mio posto. Dovevo solo rincorrerlo. Dovevo fermarmi. Ritornare al mio posto. Non dovevo rincorrerlo. Come nel giorno del mio matrimonio una schizofrenia imperante mi tagliava il pensiero in due parti. Le gettava una di fronte a quell'altra. Agli opposti. Fai presto altrimenti lo perdi. Rallenta e rientra fra i mobili. Matteo io lo voglio. Non posso volerlo. Non stai facendo nulla di male. Commetti dei crimini. Mi s'allungava la lingua. Strisciava in mezzo alle labbra. Ero un cane con un bastone tra i denti. Il mio viso coperto da un trucco grottesco. Se qualcuno m'avesse visto avrebbe gridato per lo spavento. Continuavo lottando a discendere. Non arrivava la fine. Quand'è arrivata ho strappato il portone. Mi sembrava d'emergere dopo apnee impossibili. Mi sono diretta nel parcheggio. Mi nascondevo tra le piante. M'appostavo verificando lo sconcerto. Che cazzo sto facendo. C'era il cielo caldo. Il vento. La mia faccia da pagliaccio. Li ho visti uscire dal garage dentro una macchina. I fari illuminavano l'asfalto. Gli sono corsa dietro con i pattini. Pattinavo come un'indemoniata per non perderli. Stavo a giusta distanza. In penombra. Una strada stretta e buia. Frequentata da pochissimi. Mi s'apriva la vestaglia. Mi si vedevano le tette. Speravo arrivasse una discesa. I capelli sopra gli occhi. Mi colava il fondotinta sulle ciglia. Mi entrava sciogliendosi il rossetto nella bocca. Lo sputavo con disgusto. Ho sbandato a una curva. Mi vedevo dentro al fosso. La vestaglia era diventata il mio mantello. Avevo perso il laccio per tenerla. Una superwoman che sudava dalla fronte. Sventolava quello straccio prolungando la mia schiena. Mi dicevo spingi forte con le gambe. Metti il turbo. Quando vedevo delle macchine m'abbassavo per nascondermi. Acchiappavo la vestaglia. La lasciavo poi per muovermi più in fretta. Sciabolavo con le braccia. Delle lame con le unghie. Non fermarti. Fallo subito. Non pensare. Pensa adesso. Sei ridicola. Non lo sei. Non ha senso. Ce l'ha troppo. Non sei stanca. Sei stanchissima. Torna a casa. Vai avanti. Cosa cerchi. Stai cercando. Continuavo nonostante l'esaltazione s'alternasse con il dubbio. Loro erano come le nuvole che non puoi mai raggiungere. Io ero come ero e sarò sempre. Una bambina senza bambole. Mi sono fermata a guardarmi. Mi sono fermata di colpo. All'improvviso l'ho fatto. Un arresto cardiaco. Una frenata a rigare col rumore l'asfalto. Della vergogna. Un secondo di lucidità senza opposto. Mi sono guardata le gambe. I piedi. Quelle rotelle. Ho guardato il mio viso specchiato nell'aria. Quell'inconsistenza. Quel niente che ero mentre pensavo d'esistere. La macchina svaniva davanti. Io nel buio a cercarla. In quell'auto c'era di tutto. Io ero nessuno.

Un sonno profondo. Quando Gianmaria è rientrato l'ho simulato nascondendo nel cuscino la faccia. Lo sentivo svestirsi. Andare nel bagno. Pisciare canticchiando qualcosa di stupido. Potevo percepire l'odore della sua urina nel water. Quell'aroma contraffatto da asparago. Un risotto condito con quell'ortaggio dentro il suo stomaco. Anche se non era così lo era lo stesso. Una nausea nell'impeto m'amplificava l'inquietudine. Cercavo di ritmare il respiro. Fingevo la calma. Non avevo cenato tornando coi pattini. Li tenevo a tracolla. Come una borsetta. Le calze sporche di polvere. M'ero seduta in cucina abbassando la testa. Ero rimasta così. Mi risucchiavano le sabbie mobili. Sprofondavano prima le gambe. Fino al sedere. Guardavo col busto fuori un puntino di luce. Proseguiva la lenta discesa. Le mani. La pancia. Il seno. Le braccia. Le spalle. Rimaneva nell'aria solo la testa. Non c'era spavento. Continuavo a fissare incantata quel punto di luce invece di provare terrore. Sapevo che quando sarebbero scomparsi anche gli occhi quel piccolo brillare sarebbe rimasto. Incastonato come un brillante nelle pupille. Stringendo con le dita il lenzuolo mi chiedevo com'era Matteo quando viveva dove non c'ero. Vedevo farfalle. Vedevo pareti sporche di sperma. Il pensiero che avevo si divideva in due parti. Ormai a ogni cosa contrapponevo il suo opposto. C'era per lui della dolcezza non contaminata dal sesso. La voglia d'incanto. Allo stesso tempo l'insano desiderio di devastargli ogni purezza. Una carezza.

Succhiargli l'uccello. Infilarmi nella sua adolescenza con delicatezza. Corromperla tutta. Il fatto che fosse distante. Il bramarlo mi provocava l'invidia. La nobilitavo con qualcos'altro. Il romanticismo nasceva di conseguenza per non provare vergogna. Tutto questo l'avrei capito solo col tempo. Solo alla fine di tutto. Io avrei voluto essere lui. Prendergli il posto.

Gianmaria s'era steso nel letto. Non mi baciava più come prima le guance. Si girava dall'altra parte. Sfiorava il bordo del letto. Stavamo diventando quello che eravamo stati da sempre. Due estranei che un giorno s'incontrano e continuano a farlo. Ignorarsi. Non volersi conoscere. Due linee parallele che viaggiano e non s'incontreranno nemmeno un momento. Lo ascoltavo russare. La colonna sonora del mio ennesimo sbaglio. Mi sono alzata come un fantasma. Nella sala ho infilato le cuffiette. Stavo ferma. In piedi. Nelle orecchie la musica. Osservavo quel posto che pareva non esserci. Un'allucinazione grigiastra che avrei voluto buttare nel cassonetto. Ho iniziato a muovere con rabbia le braccia. Le sbattevo in alto irrigidendone i muscoli. Sciogliendo tensioni all'interno del corpo. Avevo un groviglio. Matasse d'angosce. Quella danza nervosa era il mio pettine. L'avevo inventata da bambina. Un giorno che stavo malissimo. Quella volta che era Natale per tutti. Che avevo chiamato il medico tanto ero triste. Quando m'aveva lasciato avevo iniziato a ballare furiosa sul letto. Irrigidivo i nervi muovendomi a scatti come durante una crisi epilettica. L'avevo visto fare al figlio dell'alimentari di sotto. Crollare a terra e contorcersi quasi avesse preso la scossa. E io così mi sentivo. Quasi avessi preso la scossa. Quel giorno ho inventato la mia danza liberatrice. La mia danza epilettica. Avrei voluto diventare una ballerina di danza epilettica. M'esaltavo spostandomi elettricamente meccanica nell'aria. Mi esercitavo in bagno perché in piedi sul water riuscivo a vedermi intera nello specchio davanti. Avevo portato il mio giradischi lì dentro. Mi chiudevo a chiave e danzavo. Lo facevo tutte le volte che sentivo l'angoscia assalirmi. Mi ero costruita un abito con una vecchia tenda di pizzo bianco. Legavo due estremità attorno al collo e la fermavo in vita con una cintura di pelle. Mettevo dei calzettoni a righe verdi e nere come scarpette e poi iniziavo a sbattermi su quella superficie piccolissima. Sentivo la potenza. Uccidevo tutto con quella danza. Era meglio dell'alcol. Delle sigarette. Era il mio lirismo. E tutto diventava piccolissimo. E io diventavo così immensa. E lasciavo tutto quello squallido. E mi vedevo sotto poderose luci di ribalta. Loro mi controllavano con aria di sospetto. Spiavano le mie ritirate dentro il cesso. Tutta quella musica. La zia diceva che ero pazza. La romena che ero posseduta dal demonio. Danzando quella notte ho pensato davvero d'essere posseduta da qualcosa di simile. Forse Matteo era un demone con sembianze da angelo. Mi sono avvicinata alla finestra e ho guardato la notte. Mi veniva in mente una frase. Così attuale in quel momento. La pensavo quando la romena scoprendomi ballare in quel modo furioso mi diceva finirai all'inferno. Io la guardavo pensando l'inferno già lo conosco e da viva non da morta che è anche peggio.

Mi ero comprata un bambi. Era arrivato dentro il cassone di un camion. Era grosso. Un rinoceronte con delle bolle bianche sullo stomaco. Era un bambi con il corpo di un rinoceronte. Il conducente del mezzo mi spiegava che ora i bambi erano così. Che non esistevano più quegli altri. Che questo era il nuovo modello. L'ultimo. Il più moderno. L'evoluzione di quell'animale. Lo avevo portato in casa e non sapevo che farmene. Lui mi guardava negli occhi. Io pensavo al modo meno indolore per disfarmene. A un certo punto ha iniziato a cantare. Alzava la testa emettendo gorgheggi. Tentava di sedurmi. Aveva capito che ero rimasta delusa. Voleva convincermi. Dirmi. Anche se sono un bambi diverso riuscirò a farmi amare lo stesso. Mi spezzava il cuore dando tutto se stesso in quel canto. Mi straziava spezzandomi. Al risveglio avevo il cuscino bagnato di lacrime. Gianmaria non c'era più. Era andato al lavoro. M'aveva lasciato dormire. Mi sarei iscritta un'ora dopo a un corso di danza. Pensavo a quel canto. A quanto cercava di farsi accettare quel mostro. Componevo tremando il numero della scuola "Primi passi". Lui mi guardava con quegli occhi. Riuscirò a farmi amare lo stesso.

Avevo trovato il numero sull'elenco. Non potevo non farlo. Vedevo comparirmi bolle bianche sulla pancia. Ha risposto una signora con l'accento da troia. Le ho detto che m'interessava frequentare la scuola. Ha chiesto. Quanti anni ha sua figlia. Le ho risposto scocciata. Niente figlia. È per me. Silenzio. Vorrei prendere qualche lezione. Ha risposto. Non c'è nessun problema signora. L'avrei uccisa quando ha detto signora. Ero un bambirinoceronte che alzava la testa emettendo gorgheggi. Era Angelica che alzava sulle punte il suo corpo. Volteggiava leggera. Riuscirò a farmi amare lo stesso. L'appuntamento era nel pomeriggio. Ho indossato una calzamaglia gialla e rossa. Da paggetto. L'avevo usata in una recita. Alla fabbrica. Per la festa dopo un collettivo aumento di stipendio. Mi pareva l'indumento più adatto. Ho preso il tram tenendo in mano una sveglia per controllare l'orario. Non l'ho mai avuto l'orologio al polso. Pensavo a lui viaggiando. Mi faceva male pensarlo. Il pensiero di Matteo era una sberla. Mi colpiva la faccia. Seduta accanto c'era una signora. Il naso l'aveva di plastica. Lo guardavo con insistenza. Tra stupore e disgusto. Era incollato su quello mancante. Più scuro del resto. Si fermava all'altezza degli occhi disegnando un piccolo ponte leggermente rialzato. Chissà dove lo metteva di notte. Se nel bicchiere con l'acqua come faceva la zia con la sua dentiera. Posizionavo la mano destra per togliermelo dalla vista e immaginarla senza nel letto. All'improvviso la donna si è girata con astio bofonchiandomi parole in ucraino. Le brillavano denti dorati per questo ho pensato lo fosse. Ucraina. Ce n'erano a centinaia la domenica in un parco di quella città. C'ero passata con Gianmaria una volta. Mangiavano cetrioli sull'erba. Li mordevano con quei denti in prezioso metallo. Mi sono girata dall'altra parte per paura che sputasse. Ho pure sbagliato fermata per l'imbarazzo. Sono arrivata alla lezione in ritardo. La signora con l'accento da troia m'ha condotto nella stanza dal pavimento di legno. Appena ho varcato l'ingresso m'è venuto l'impulso. Scappare. Correre via più veloce del vento. Tutte quelle bambine coi fiorellini a circondargli la testa. Tutte quelle ninfette candite. Di zucchero. Boccioli allineati davanti allo specchio. Io il dinosauro con la calzamaglia da paggio. Mi vedevo riflessa. Tra quelle margheritine c'ero io gialla e rossa. Non sarei mai riuscita ad amarmi. Matteo non sarebbe riuscito a fare lo stesso. L'ho immaginato sul tetto. Guardava da un buco. Mi vedeva là sotto. Si vergognava di me. Provava pena. Ribrezzo. Avrebbe fatto finta di non conoscermi nel caso l'avessi incontrato ancora una volta. Mi usciva la tristezza dalla faccia. Le madri di quei fiorellini mi studiavano a distanza. Si sussurravano cose all'orecchio. Ridacchiavano le bambinette. Erano potenti. Fortissime. Avrebbero potuto schiacciarmi come una mosca. Erano belle. Perfette. Perfide. Delle assassine. Mi sentivo vicina al collasso. Ho detto torno subito. Non riuscivo più a stare là in mezzo. Tra l'abbondanza. Non riuscivo a gareggiare con la loro prestanza. Non riuscivo ad alzare lo sguardo. Sfidare quel loro stronzo razzismo. Mi sono chiusa nello spogliatoio per riprendermi. Pensare al da farsi. Là dentro c'erano i vestitini di quelle bambole. Sistemati con cura. Alcuni appesi. Altri piegati ordinatamente. Appoggiati sulle panche di legno. Tutte cosine piccole color pastello. Profumavano di vita magnifica. Non c'entravo per niente lì in mezzo. Come in quella scuola da ricchi in cui m'avevano messo i miei genitori prima d'andarsene. Lo stesso senso d'inadeguatezza. Di sentirmi una poveretta tra la ricchezza degli altri. Ero diventata di gomma dura in quel periodo. Non sentivo più un cazzo. Mi ubriacavo. Di nascosto. Studiavo pochissimo. Alla scuola nei banchi c'erano compagni bellissimi. Tutti coi soldi. Le penne al profumo di frutta. Il sorriso. La spensieratezza. Non c'entravo per niente lì in mezzo. Era una scuola da ricchi. Per sentirsi sereni e senza colpe i miei genitori m'avevano iscritto in quel posto. Perché avessi un'educazione impeccabile. Perché riuscissero a rispettare la loro coscienza. A volte ci rimanevo anche il pomeriggio. Mangiavo alla mensa. Fumavo nei bagni. Disegnavo le mosche sui fogli. Stavo a fissare il cancello nell'ora d'aria. In cortile. Sull'altalena. Parlavo pochissimo. Non facevo amicizia. Non mi volevano. Mi sputavano addosso i pezzetti di gomma. Mi prendevano a spinte. Dicevano che ero povera e sporca. Avevo preso i pidocchi. I capelli tagliati come un ragazzo. L'odore di polvere disinfettante. Mi sentivo una zingara. La roulotte. I cani bastardi. I piedi sporchi. Quando le incontravo per strada con il fazzoletto e le gonne stracciate quelle bambine-elemosina mi rivedevo. Coi palmi allargati in cerca di soldi. Le pupille strette dalla voglia di sogni. Se c'erano compleanni non venivo invitata. Le madri degli altri mi consideravano troppo diversa. Di un altro colore. Più brutto. Possedevo una tinta verdastra. Le antenne. I segni della solitudine. M'hanno invitato una sola volta. Per il compleanno della mia compagna di banco. Una ritardata un po' grassa. Ero la sola che volesse starle vicino. Si metteva le dita nel naso. Poi in bocca. La mangia-muccioli. La difendevo dalle schermaglie. Mi sembrava di difendere me stessa. Ho picchiato per lei un ragazzetto. Voleva farle ingoiare una cosa schifosa. Una lumaca vischiosa. Gliela spingeva sulla bocca. Gridava falla scendere in gola. Dài deficiente. Così la caghi stanotte. Sua madre per ringraziarmi mi ha detto vieni domani. Facciamo la festa. Sono arrivata dentro una sfera di vetro. Così mi sentivo. Come un criceto. Stavo in disparte. All'improvviso è arrivato un mio compagno di classe ad alzarmi la gonna. Vogliamo vedere se ti cambi le mutande gridava. Correva verso di me ogni tanto qualcuno a rifarlo. Avevo delle mutande brutte. Senza fiocchetti. Un buco nella suola delle scarpe. Camminavo strisciando i piedi per paura si vedesse. Cercavo di nascondermi dietro le tende. Ho iniziato a bere la birra dei grandi. Mi sono sbronzata cercando di cambiare colore. Diventare diversa. Come erano gli altri. Più bella. Elegante. Con vicino la mamma a sistemargli i capelli. Ho vomitato per terra. Quella flessione della testa verso il pavimento. L'immensa vergogna. Tristezza. Una madre mi ha portato nel bagno per lavarmi la faccia. La bocca. Me la sarei mangiata con un morso. Per averla dentro. Prigioniera nel mio stomaco. Tornando a casa sapevo d'aver rovinato quel tutto fatto di niente. Non ci sarebbe stata la prossima volta. Più un'altra festa. Un invito. Nel cortile a fine lezione tornavo a guardare il cancello. Vedevo i bambini scappare verso le macchine. Dai genitori col dobermann.

Vedevo quegli abitini impeccabili stando seduta in quello spogliatoio-salvezza. Abitini da bambine coi genitori col dobermann. Ho preso a buttarli da tutte le parti. A sputargli pezzetti di gomma. Li afferravo gettandoli a terra. Facevo un macello. Dopo averli sparpagliati da tutte le parti colma di collera sono rientrata nella sala di legno. Avevo la pelle rivestita in metallo. Non mi faceva paura più niente. Ho spinto le bambine facendomi spazio. Avanti fatti sotto. Avanti inizia adesso. Mi sono lanciata in una maestosa danza epilettica. La migliore mai eseguita. Ero un lampo che squarcia la calma. Le madri mi gridavano. S'impaurivano gli sguardi. Urlavo andate a fanculo sbattendomi. Andate a fanculo. Non ho i pidocchi. Non sono di un colore diverso. Andate a fanculo me le cambio sempre le mutande. Non le ho le antenne. Mi sentivo nell'incendio. Se m'avessero sparato non sarei morta. Avrei continuato a girare ancora più forte. Disegnavo scosse elettriche facendo vibrare le braccia. Colpivo di movimenti lo spazio. Matteo mi guardava orgoglioso dal buchetto sul tetto. Applaudiva estasiato. Le bambine con le madri apocalittiche si erano raggruppate in un angolo. Qualcuno diceva i carabinieri stanno arrivando. Mi batteva sotto il petto un martello pneumatico. Ho iniziato a rallentare i miei gesti fino a fermarmi. Un oceano che trattiene le onde. Arresta lentamente la sua burrasca. Un vento che comprime i suoi soffi. L'azzurro terso compare. La quiete. Un orizzonte chiaro e preciso dopo il tifone che ha divelto le palme. M'ero svuotata da tutto. Una voragine buia sotto un sottile strato di carne. Quella leggerezza oscura più della notte. Che ti solleva da terra smarrendoti. Ho eseguito un inchino prima d'andarmene. Prima d'andarmene mi sono vista nuovamente riflessa. Ero un bambi-rinoceronte che alzava la testa emettendo gorgheggi.

Sarebbe stato troppo semplice farmi cadere addosso l'inverno. Farmi foderare di neve la mente. Un cubetto di ghiaccio che nessuno può sciogliere. Un bel bagno caldo. Mi sono immersa sfilandomi la calzamaglia. Rimuovevo l'accaduto con scrupolo. Cosa vuoi che fosse accaduto. Era andato tutto benissimo. Un gran successo. Le bambine erano rimaste entusiaste del mio talento. Avevano riverito la mia indiscussa bellezza. L'insegnante s'era prodigata nel complimentarsi. Da lei Angelica abbiamo solo d'apprendere. Anche le madri di quelle dolci piccine s'erano avvicinate attratte dal fascino che mi traboccava da tutte le parti. Mormoravano ammaliate mai vista una danzatrice con una simile grazia. Un portento. S'erano sentite tutte inferiori davanti alle mie qualità in eccesso. Chiedevano qualche consiglio per quelle figliole che mai con me avrebbero potuto competere. Quanto orgoglio mi fioriva dovunque. Rimaneva comunque intaccata da questo l'umiltà con cui mi porgevo a quelle mediocri aspiranti. Questa la dote migliore del genio. Non fare vanto della propria grandezza. Certamente non potevo stare lì a perdere tempo. M'ero concessa a loro per un'oretta. Non sarei ritornata. Mi serviva un corso di tutt'altro livello. Qualcosa d'estremamente futuribile. Sofisticatissimo. Mi crogiolavo nella vasca da bagno. Souvenir mi massaggiava i capelli. Le avevo insegnato a farmi lo shampoo. Veronica-culo-da-favola m'avrebbe chiamato dopo pochissimo. Era nell'armadio a fare ginnastica. Le ho risposto piena di schiuma sopra la testa. Diceva che si stava allenando per la maratona. Le ho chiesto di quale stesse parlando. Di quella che farò a fine anno. Parto da qui e vado avanti. Cammino fino a quando mi fermo. Le avevo detto che mi sembrava fantastico. Non prestavo attenzione al suo intricato discorso. C'erano troppi significati da estrapolare e studiare con calma. Aveva concluso aggiungendo comunque sto meglio. Inizia a piacermi stare qui dentro. Lui dice che sono la perla che chiude nello scrigno di legno. Oggi penso sia assolutamente un uomo adorabile. Non trovi ci sia del romantico? Le dicevo che ero felice lo fosse. Che anche a me andava tutto benissimo. Se conoscessi Gianmaria t'innamoreresti all'istante. Cazzo che maschio. Mi fa sentire una donna. Ci siamo dette stronzate fino al saluto finale. Lei m'aveva addirittura comunicato che le mancava solo un figlio per coronare il suo sogno. Per scatenarle l'invidia ho esclamato ti svelo un segreto amica carissima. Sentivo dall'altra parte il suo respiro accentuarsi. Attendere il colpo di scena. Angelica parla la mia curiosità non resiste. Dopo la giusta pausa d'effetto le ho sussurrato lo sai sono incinta. Un'esplosione di versi entusiasti m'hanno riempito le orecchie. È fantastico Angelica. M'ero talmente immedesimata nel ruolo della gestante che mi si stava gonfiando la pancia. Ora però devo lasciarti. Sai sono un po' stanca. Colpa della mia gravidanza. Vado a coricarmi un momento. Non mi sentivo una bugiarda. Gravida lo ero in un certo senso. S'era infilato Matteo dentro lo stomaco. Premeva per uscire alla luce. Farsi abbracciare. Succhiarmi le tette. Dopo il bagno mi sono vestita in modo elegante. M'era venuta l'idea di recarmi a quel piano. Quello di sopra. Non potevo continuare a lottare. Era stupido. Dovevo finalmente cedere davanti all'evidenza. Non riuscire a farne senza. Basta coi mille rimproveri. Con questo atteggiamento da verginella cattolica. L'amore non ha età e non ha sesso. Gianmaria non l'amavo. Amavo Matteo. Andavo a prenderlo. Non faceva una piega il discorso. Ne faceva mille. Un'intera gonna di Marilyn Monroe. Dovevo solo bussare alla porta. Varcare la soglia. Usare un pretesto qualsiasi. Da pubblicità a basso costo. Non è che può prestarmi lo zucchero. A volte succede anche nei migliori palazzi. Anche nei film con gli attori convinti.

Ero certa fosse la mossa giusta a quel punto. Inserirmi in qualche maniera nel ménage di quella famiglia. Potevo stringere amicizia con la sua mamma. Avrei avuto mille occasioni per incontrarlo. Conoscere tutto di lui. Non sopportavo fosse ancora un estraneo. Mi servivano informazioni per elaborare piani efficaci. Per conquistarlo. Il virus entrava in azione. Avrei salito le scale per contaminarlo. Mi serviva il giusto travestimento per difendermi dalla paura dell'insuccesso. Per non destare il sospetto della stranezza. Ero già stata penalizzata dalla mia scimmia. Mi conveniva normalizzarmi. Rendermi accettabile ai suo canoni di donna perfetta. Avevo optato per il travestimento signora per bene. La camicetta bianca. La gonna svasata lunga fino al ginocchio. Delle scarpette basse. Una collanina poco vistosa d'argento. Capelli trattenuti da spille in metallo. Un maquillage naturale con un po' di lucidalabbra. Questo il costume di scena per la mia vita-teatro. È successo altre volte lo diventasse.

La prima volta in cui la mia vita è diventata teatro avevo dieci anni. Mi mettevo il rossetto. Specchiavo le labbra in un cucchiaio. Andavo in giro portandolo in una borsetta da sera che usava la zia quando ancora stava in piedi e ballava. Era di seta nera con due catenelle dorate. Ci tenevo dentro anche il cucchiaio e le sigarette. Camminavo a testa dritta quando l'avevo a tracolla. Le labbra colorate col trucco. Mettevo anche scarpe con un po' di tacco lucide e rosse. A scuola mi chiamavano la stravagante. Mi ero studiata un'immagine. L'avevo letto su una rivista della puttana straniera domestica. Una donna deve curare la propria immagine per difendersi. E io volevo difendermi dalle schermaglie diventando un'adulta. I capelli tenuti aderenti alla testa con la brillantina. Un'aria di sfida insolente. Entravo in classe lasciando una scia di profumo dolciastro. Ridevano tutti lo stesso ma iniziavo a incuriosirli in maniera diversa. Diventavo meno reale. Più da fumetto.

La romena mi diceva di togliermi il rossetto che facevo ridere anche i polli. Lo diceva spesso che facevo ridere anche i polli. Non riuscivo a immaginarli i polli che ridevano. Anche la zia si arrabbiava quando mi vedeva uscire conciata in quel modo. Diceva sembri una travestita. Una puttanella. Hai compiuto da poco dieci anni. Io non mi ricordavo neppure del mio compleanno. Ormai non compivo più niente. Crescevo soltanto. Durante la ricreazione stavo nei cessi contro una vetrata là in fondo e fumavo ritoccando ogni tanto il trucco e i capelli. Trafficavo nella borsetta lucidandomi con la saliva le scarpe. Ci sputavo sopra e passavo le mani. Non mi nascondevo più come una lebbrosa. Mostravo a tutti gli altri bambini com'ero diversa. Baciavo i maschietti. Ero allenata a forza di farlo con Jacopo. Mi piaceva infilare la lingua in quelle bocche che sapevano di caramella. Sporcarle con la mia puzza di sigarette. Arrivavano e mi colpivano le labbra quasi fossi un bersaglio. Io infilavo la lingua e la muovevo qualche secondo. Poi li spingevo dicendo ora basta. Le altre bambine mi guardavano con disgusto ma tanto l'avevano fatto da sempre. Speravo mi cacciassero da quella scuola da ricchi. Speravo i miei genitori tornassero per prendermi a botte. Peccato non sia mai successo.

Facevo le prove per il mio esordio. Buonasera signora. Avrei sorriso amabilmente quando avrebbe aperto la porta. Lei avrebbe logicamente ricambiato il saluto. Mi scusi se la disturbo. Altro amabile sorriso più tre battiti di palpebra. Dovevo evitare lo sguardo fisso. Sarebbe risultato inquietante. Lei avrebbe detto mi dica pure. Non è che per caso può prestarmi lo zucchero. Nuovo sorriso più leggera inclinazione del capo. Non dovevo stare troppo rigida. Avrei rivelato il mio stato d'ansia. Mi serviva morbidezza per introdurmi nel suo campo visivo ed emozionale. Lei avrebbe detto ma certo con piacere facendomi cenno d'entrare. A quel punto sarei riuscita ad abbattere il primo ostacolo. L'avrei ringraziata avanzando senza tradire possibili tremori. Nei miei pensieri preferivo Matteo non ci fosse. Preferivo ci fosse. Mi guardasse affascinato standosene in fondo al corridoio. In mutandine. Sorridendomi con malizia. Invitandomi con lo sguardo ad avvicinarmi. Mentre lei andava in cucina sarei sgattaiolata con lui nella sua cameretta. Ci saremmo scambiati saturi d'emozione un bacio furtivo e una promessa. Stanotte alle undici sul pianerottolo. Sarei tornata vicino all'ingresso ansimante. Avrei riacquistato una calma apparente. La madre sarebbe tornata con il barattolino di zucchero. M'avrebbe invitata a mangiare il giorno dopo un dolce con le mele cotogne. Le avrei sorriso mostrandole i denti. Così sarebbe iniziata la nostra amicizia. Così sarebbe schioccata la prima scintilla col figlio. Avrebbe dato il via a una relazione dolcissima. Di rincorse nei prati. Di aquiloni nel cielo. Di sole sui polsi. Di gioia estraibile. Di passione-divora-tristezza. Di passione incendiaria. D'estrema bellezza. Nessun senso di colpa. L'amore non ha età. Non ha sesso. Il Signore avrebbe capito. Mi sono fatta il segno della croce salendo il primo gradino. Mi veniva voglia d'infilarmi un vibratore nella fica per sedare l'impazienza. Me li vedevo già davanti. Già davanti ad accogliermi. Non aspettavano altro. Me li vedevo talmente tanto. Talmente tanto che davvero li ho visti. Scendevano con dei sacchetti. Mi salutavano gentilmente. Salutavano la passante. Contemporaneamente la vecchia col braccio meccanico ha spalancato la porta sfottendomi. Esclamando dóve te ne vai tutta in ghingheri. Se ci fosse stato un buco per terra ci sarei en-

trata abbassando il coperchio. In quell'istante m'è cala-
to addosso l'inverno. La neve a foderarmi la mente. Un
cubetto di ghiaccio che niente può sciogliere.

Gianmaria stava in poltrona davanti alla televisione
come un ebete a guardare le televendite. Prova a imma-
ginare come dev'essere. Tu sei di ghiaccio. Anzi non sei
tu a esserlo. È la tua mente. Ti ritrovi sommersa da questo disagio che ti paralizza. Con un uomo del genere
potevo cercare spiragli di luce perfino nei porci. Lo vedevo guardare. Ammirava le pentole. Il prezzo a so-
vrimpressione sul manico. Borbottava. Usava bofon-
chiando la voce. Mi chiedeva di preparargli un bel
minestrone. Parlava delle carote che prendono sapore
con gli altri ortaggi. Chiedeva se ti compro una batteria
di quegli strumenti pensi cucinerai con più voglia? Ho
cominciato a cuocere un minestrone terribile. L'ho
estratto dal freezer. Sigillato in plastica azzurra. Ho aggiunto un dado marrone a inizio cottura afferrandolo
con le pinzette da sopracciglia. Sembrava fatto di terra
compressa. Ho apparecchiato con le cuffiette. Ascoltavo musica da ragazzetti. Qualcosa di simile a quella che
aveva ascoltato nel pomeriggio Matteo nel cortile di
sotto. Avevano sistemato una radio tra le biciclette.
M'ero avvolta dentro una tenda lasciando solo gli occhi
scoperti. Lo spiavo pensando che forse era inutile cercare un contatto passando per la famiglia. Mi conveniva entrare in azione in modo diverso. Un attacco
frontale e individualista. Potevo scendere in cortile e
chiamarlo in disparte. Sottrarlo al gruppetto e parlarci
a quattr'occhi. Dovevo fregarmene se c'erano gli altri.
Quella smorfiosa con la coda a spuntarle sul capo. Sarei
arrivata di sotto con aria sicura. In due o tre mosse stra-
tegiche l'avrei avuto al mio fianco. Ci saremmo incam-
minati verso una meta assolutamente imprecisa parlan-

do. Qualcosa sarebbe accaduto per forza. Avrei perlomeno scoperto se potevo sperare in amorosi risvolti. Se mi toccava mollare quella tensione a volerlo. Forse addirittura conoscendolo meglio mi sarebbe parso meno attraente. Io stessa sarei retrocessa per mancanza di stimoli. Così non poteva continuare il delirio. Senza un reale confronto. Un contatto.

Abbiamo cenato con davanti le televendite. Vendevano ceramiche capodimonte. Un aggeggio per stritolare mele col torsolo. Degli elettrostimolatori da muscoli. Lui li detestava dopo la disastrosa esperienza. Durante la cena avevo negli occhi un culo di donna vibrante con sopra incollati alcuni cerotti da cui spuntavano dei fili elettrici. Io pensavo alla giungla. Ero una tigre che scopava con le giraffe. Guardavo il minestrone pensando che se avessi messo la faccia là dentro mi sarei ritrovata tra piante selvagge. Lo facevo a tavola con i miei genitori. Lo facevo se litigavano tirandosi addosso forchette. Mi sentivo una tigre che mette la testa nel piatto ritrovandosi nella foresta amazzonica.

Alle nove e mezza la vecchia col braccio meccanico ha iniziato a tossire nel bagno. Aveva la crisi dei suoi polmoni. Si contorceva la gola in modo acrobatico. Dovevo smetterla di fumare le sigarette. Me ne sarei fumata una all'istante. Non me ne fregava un cazzo di quelle promozioni da poveracci. Erano pornografiche. Tanto valeva vedersi uno di quei film pieni di sborra sulle facce delle femmine. Voglio andare a vedere un film porno. Gliel'ho detto contraendo le guance. Angelica spero tu stia scherzando. Gli avrei risposto devi capire cosa si prova a vedere pornografia controvoglia. Da quando ti conosco me la propini ogni giorno. Mi porti al suicidio. Gli ho detto invece non sto scherzando. Pensava lo stessi facendo. Ribatteva con foga mi stai prendendo in giro. Dillo che lo stai facendo. Univo le mani in preghiera insistendo. Ti prego. Solo una volta. Non credo m'ascoltasse attentamente. Tre al prezzo di due. Sette al prezzo di cinque. Coraggio amici telefonate. Risparmi. Vantaggi. Cento al prezzo di sette. Ventitré al prezzo di dodici. Formato famiglia. Promozione valida solo questo mese. Approfittatene. Convenienza. Cosa aspettate a chiamarci. Fino alla cinquantesima telefonata un televisore in omaggio. Strisciavo come un verme. Strisciavo a quattro zampe. Ti prego andiamoci. Volevo fare qualcosa per stravolgerlo. Avvicinarlo alla mia rovinosa situazione psicologica. Mi sarei sentita meno sola. Mi sentivo solissima. Un insetto su una pista di pattinaggio interminabile. Come ti è venuta questa idea. Non potresti cambiarla con qualcos'altro? Non mi piacciono quei film. Non li ho mai visti. Vanno contro la mia morale. Sono sporchi. Per lui era tutto sporco. Tutto immorale. La sua mediocrità era sporca e immorale. Lui era il re degli sporchi immorali. Sono riuscita a convincerlo. Mezz'ora dopo stavamo sotto un'insegna lampeggiante. Stelle brillanti tutt'attorno. Un firmamento. Tentava di darsi alla fuga. Ti prego parcheggia. Sono scesa dall'auto. Non voleva seguirmi. Ormai io ero il carnefice. Il demone che lo conduceva nel regno dell'impudico. Vado da sola. Camminavo verso l'ingresso. Sapevo m'avrebbe raggiunta. La sua volontà. Burro plasmabile. Alla cassa l'avevo al fianco. Un ombrello estraibile. È iniziato da molto? La cassiera leggeva un fotoromanzo. La chioma cotonata puntata verso l'alto. Ha risposto film come questo non iniziano né finiscono. Ha aggiunto continuano. La sala lunga e stretta. Un cubo di moquette color fragola. Ci siamo seduti in prima fila. Un cavallo fotteva una bionda. C'era odore di sperma. C'erano solo maschi serissimi. Sembrava stessero seguendo l'andamento della Borsa. Ricordo la musica gentile. Una colonna sonora piena d'inchini.

Gianmaria si copriva gli occhi con le mani. Gliele ho prese perché guardasse. Le tenevo strette nelle mie quasi l'amassi. Guarda cosa sento per te. Un sentimento pornografico. Tu sei tutto ciò che non vorrei essere. Tu sei il presente che da sempre detesto. Ho spostato le mie dita sulla sua patta. Aveva il cazzo durissimo. Era eccitato quel santarello. Gli stava apparendo la bava alla bocca. Come a quei camionisti a cui da bambina avevo venduto i giornalini pornografici. Li avevo trovati nel mio appartamentino indipendente. Lo avevo ricavato in un vecchio camioncino abbandonato. Andavo a vivere da sola certi pomeriggi. In un posto solo mio. Senza merda. Avrei voluto portarci anche Jacopo ma pesava troppo. Ci arrivavo con la bici. Stava in quel campo con il buco. Dove avevo iniziato la mia carriera col tabacco. Era piccolino con sulla lamiera il disegno di una caffettiera con la faccia. C'era odore di caffè ammuffito dentro. Un po' funzionava. Riuscivo a far muovere i tergicristalli. Mi piaceva stare dietro. Nel cassone senza vetri. C'era una lucina che accendevo. L'avevo un po' arredato. Messo una sedia trovata nel bidone. Le coperte. La sveglia. Avevo anche il riscaldamento. Portavo da casa dei secchielli d'acqua calda che fumavano nel freddo. C'era anche la cucina. Il fornelletto. La parte davanti coi sedili era adibita a frigorifero con la birra che poi m'hanno fregato in un'irruzione quelli grandi. È stato un colpo forte arrivare un pomeriggio e trovarlo devastato. Con le cicche dappertutto. Le lattine a terra. Le pisciate. I giornaletti porno in un sacchetto. Li ho poi venduti ai camionisti. Nel parcheggio di un motel sulla strada nazionale. Sistemati sulle cassette della frutta ribaltate. Ero stanca. Derubata. Costretta a rifare dal principio. Purificare dallo stupro la mia oasi di bellezza. Vaffanculo. M'ero sistemata in mezzo ai camion. Le riviste già le conoscevo. Le leggeva quella porca d'inserviente. Le teneva sotto il letto in uno scatolone assieme al proiettile gigante che vibrava. M'avevano sconvolto a prima occhiata. Controllavo col cucchiaio il mio buchetto. Ci sarebbe potuto entrare tutto. Seguivo la romena quando si chiudeva in gabinetto con l'armamentario. Spiavo le sue mosse dalla serratura. Se l'infilava tra le cosce quel coso di metallo e sfogliava le riviste con la bocca in un sussurro. Io mi masturbavo già da tanto ma lei era una professionista. Nel parcheggio arrivavano a comprare i giornaletti sozzi i camionisti. Questi omoni grossi con le maniche della maglietta arrotolate sulle spalle. La bava che gli colava dalla bocca. Mi domandavano di chi sono del tuo papà o della tua mamma? Strofinavano sulle mie guance quelle manone che puzzavano di patatine fritte. Non rispondevo girando la faccia dall'altra parte. L'unica cosa positiva di tutta quella storia è che avrei conosciuto la bambina morsicata dalle pulci. La Mariella. La figlia del padrone del motel con i gatti in mezzo ai piatti. Era dolce. L'avrei incontrata ancora. Da grande. Sotto mutate spoglie. Quelle di Veronica-culo-da-favola.

Durante la proiezione mi guardavo attorno. Forse pensavo di trovare Matteo là in mezzo. Seduto accanto a me c'era un vecchietto. Lo sguardo fisso allo schermo. Abbassando il mio gli ho visto tra le mani una bambola. Una bambina di plastica. La teneva stretta quasi temesse scappasse. L'osservavo tra i lamenti. Tra frasi del tipo prendilo tutto puttana. Voglio ficcartelo in gola vacca schifosa. Gianmaria s'era appassionato al filmato. Labbra socchiuse in una smorfia da sega. A fine proiezione ci siamo ritrovati fuori nel vento. Vento fortissimo che stupra le foglie. Mi cadevano i capelli sugli occhi. Li ho spostati e l'ho visto. Il vecchietto col suo giocattolo. Mi osservava a distanza. Sembrava spuntato dall'erba. Una pianta sepolta da secoli che all'improvviso torna nell'aria sporca di terra. Così la sua faccia. Mi sono girata e l'ho fatto. Pensare alle favole. A due persone che senza conoscersi un giorno si cercano. Mi sono girata e l'ho fatto. Spostarmi per averlo davanti. Mi sono girata e l'ho fatto. Guardarlo fisso negli occhi. Due segni biancastri. Cicatrici del tempo. Mi sono girata e l'ho fatto. Rimanere fermissima. Non ascoltare quel Angelica andiamocene. Non riuscivo a lasciarlo. Non riuscivo a non farlo. Capirlo. Mi ha sorriso e l'ha fatto. Alzare verso il cielo la bambola. Mi ha sorriso e l'ha fatto. Si è seduto per terra. Nel parcheggio deserto. Mi sono girata e l'ho visto. Gianmaria nella macchina. Il suo viso dietro il vetro. Un quadro d'appendere. Un'esplosione di fuochi là in alto. Decori di luce violenta. Un'insegna lampeggiante davanti. Una gonna alzata dal vento. Un uomo piegato per terra. Strofinava contro me la sua bambina dal corpo durissimo. Sulle mie gambe. Tra le cosce. Sulla pelle. Contro la fica insistendo. Un'implosione di un parto. La sentivo premere contro le mutande. Sentivo l'assurdo dell'esistenza. La pazzia a cui porta il comprenderla. Gianmaria è tornato a riprendermi. Io continuavo a guardarli. Un vecchio sdraiato per terra. Davanti una nascita. Una bambola scaraventata in un parcheggio deserto.

Centoventi volte tu risorgi e spari. Centoventi volte tu non crolli e avanzi. Potresti odiare questo sole che si mostra. Questa estate esuberante. Foglie verdi e coleotteri. Le cannucce variopinte. Le passioni maledette. Tutto il sangue che ti scorre. Tutto il tempo che ti è dato. Potresti odiare e fare a botte. Scavarti con le mani una caverna. Invece il lancio. Riprovi ancora. L'incoscienza in dotazione l'utilizzi fino al termine. Sei la bambola-pelle di plastica scaraventata in un parcheggio. Impermeabile. La tempesta non ti bagna. Sai affrontarla a meraviglia. A testa alta. Avanti in marcia. Sono scesa nel cortile alle sei e mezza. Matteo era là come tutti i pomeriggi. Sono scesa con la scimmia sulla spalla. Il tocco esotico. Il mio proiettile. L'avrei usato per colpirlo. Per attrarlo. Avevo addosso un abito cortissimo. Da quindicenne sverginata dall'incesto. Dei codini a racchiudermi i capelli per sembrare un po' più giovane. Mi sentivo fragile. Con dello spavento. Fatti forza. Sei invincibile. M'avvolgeva quest'aria da scolaretta leccapalle una volta allo scoperto. Due respiri profondissimi. Concentrazione necessaria per non perdermi. Rilassati muscoli facciali. Contrazioni vaginali. Degli accenti adolescenti nelle voglie. L'emozione delle prime frenesie per i maschietti. Si prosciugava la saliva come l'acqua nel risotto. Li vedevo tutti in gruppo. Sistemati verso destra. Delle mosche a ricoprire una carogna. Non romantico l'accostamento ma efficace per descriverli. C'era qualcosa di sinistro. M'avvicinavo fischiettando. Smettevo perché non m'intaccasse il fascino lo zufolamento. Osservavo attentamente tra l'erbetta quasi cercassi funghi microscopici. Mi dirigevo casualmente nei paraggi. Una normalissima passeggiata all'aria aperta. Lui era quello con la maglia rossa. Coi capelli di seta pura lucidissimi. Con la perfezione di una statua rappresentante la bellezza. Con qualità sovrumane e strabilianti. Con gli extrapoteri nella milza. Pensavo ora ora mi vede e non resiste. Non ho bisogno di chiamarlo. Mi viene incontro sorridendo. Spero tanto non lo facciano anche gli altri. Tutt'insieme non li voglio. L'accerchiamento. Le domande. Le carezze alla mia scimmia. Mentre pensavo s'è girata una ragazzina col cappello. È rimasta di stucco nel vedermi. M'osservava interdetta di traverso. Quasi avesse visto dell'incomprensibile. Un bambi-rinoceronte. Un uomo elefante. Un mostro da circo. È scoppiata a ridere. Quella stronza l'ha fatto.

Nessuno aveva mai riso di me così tanto. Senza ritegno. Si teneva forte la pancia. Diventava tutta rossa per lo sforzo. Gli altri l'imitavano divertendosi. Avvoltoi coi denti di metallo. Solo Matteo stava zitto. Mi guardava con molta tristezza. Non so quanto tempo sono rimasta sotto quei bombardamenti. M'avevano raso al suolo. Faticavo nello spostarmi. Stavo ferma. Ho difeso Souvenir. L'ho coperta con le braccia. Lei non era in grado di difendersi. Non era come me. A prova di bomba. Quanta umiliazione. Quanta merda. Sono rientrata trascinandomi. Una volta chiusa la porta è scattata la mia rabbia. Sono corsa a prendere un secchio. L'ho riempito con dell'acqua. Adesso glielo tiro addosso a quei bastardi. Siete solo dei maiali farabutti. Mi sono messa in ginocchio vicino alla finestra. L'ho spinto sul terrazzo. Sentivo le loro risate. Cristalline. Adolescenti. Trasparenti come l'acqua dei ruscelli. Quanto ridevano quelle carogne. Le bambine del corso di danza avevano ridacchiato. Loro ridevano a crepapelle. Come si divertivano della pazza in codini con la scimmia. Avrebbero scritto un tema su di me. Titolo "La pazza del palazzo". Ridevano anche i polli. Plotoni di polli che si spanciavano dalle risate. Facevo ridere anche i polli come mi diceva la romena. Mi facevano schifo tutti. Mi faceva schifo anche Matteo. Quel codardo. Quel viscido lurido testa di cazzo che non m'aveva difeso. Quasi non m'avesse mai visto. Non mi conoscesse. Ho iniziato a sentirmi come Alice. Come lei quando diventa gigante e nessuno la sente. E nessuno l'aiuta a non piangere. Mi si stavano allungando le gambe. M'uscivano le braccia dalle finestre. Sfondavo pareti crescendo dopo l'errore commesso. Le mie membra diventavano germogli in cerca di terra. Stavano scendendo su quella folla che aveva cercato di lapidarmi. Calavano i miei piedi dall'alto schiacciandola. Correvano tutti cercando salvezza. Tra gli urli. Mi puntavano gli indici addosso. Guardate la pazza omicida. Erano pieni d'indici. Ne avevano otto. Quattro nelle mani. Altri quattro a uscirgli dalle tempie. Mentre m'indicavano si triplicavano. Spuntavano dappertutto. Me li tiravano addosso. Si conficcavano come frecce nella carne. Sanguinavo trafitta. Una san Sebastiano femminea con quegli indici ficcati nel corpo. Stringevo il secchio stesa sul terrazzo. Un corvo volava da un albero all'altro gracchiando. L'avvoltoio in cerca del defunto. Aspettava morissi di vergogna. Ho infilato la testa nel secchio. L'acqua era gelida. Un colpo preciso. Giù dentro. Sott'acqua. Senz'aria. Nell'oceano pacifico della solitudine.

L'abbandono che sento. Ora. Dopo quanto è successo. Il senso d'esserne vittima. D'essere orribile. L'amplificazione a dilatarmi la solitudine. Diventa una macchia indelebile. La vesti quasi fosse il tuo abito della domenica. Quello coi nastri nel collo. T'appende. T'impicca lontano da tutti. Nel regno dei crocifissi. Hai il marchio. Quasi fossi una vacca da carne in attesa del boia che ti costringe in ginocchio. Ti spara alla testa. Senti ciò che per te è stato scelto. Nascere e sentire in maniera costante la morte. E non sai se sei nata. Se non è mai successo. Sai solo una cosa per certo. Dovrai soffrire per sempre moltissimo. Tu sei il prescelto con la sensibilità devastante. Qualsiasi cosa succeda la sentirai il doppio. Qualsiasi cosa tu veda la vedrai in modo perfetto. Distorta quel tanto che basta per andare oltre alla forma. Sai tutto. Conosci il dettaglio. Non puoi negarti. Neppure un po' illuderti. Hai un programma che t'hanno installato quando eri nel ventre. Per raddoppiarti l'ascolto. Ti parla qualcuno alle orecchie. Ti dice come stanno le cose. Per filo e per segno. Hai una lucidità che t'acceca speranze. Per questo poi se ti pensi contrapponi a ogni cosa il suo opposto. Per compensare la lucidità con la nebbia. Sai tutto. Sai tutto. Sai tutto dio cristo. Sei uscita dalla fica. È successo. Hai appreso ogni cosa in pochissimo. Ho cercato d'illudermi. Ora smetto di farlo. Perché credevo realmente alla rinuncia. Che fosse possibile appendere al chiodo le armi. Un po' arrendersi a questa lotta che è l'esistenza. Chiudere gli occhi. Dirsi ora smetto. Smetto con la sofferenza. Anestetizzo la mente. Mi metto a posto. Entro nel mio rifugio e poi attendo il completamento del mio passaggio. Mi trovo un uomo come fanno le altre e dimentico. Dimentico il destino bastardo che mi ha distrutto strappandomi tutto. Ridotto a un niente. L'accetto. Cos'altro mi aspetta. Dài forza dimmelo. Se mi chiedi cosa provo rimango in silenzio. Sto zitta. Ti guardo per ore e vorrei solo mi trasformassi. Cancellassi la storia. Ridisegnassi ogni cosa dal giorno del parto in cui sono uscita. Nell'aria. Gridando. Non sono cattiva. Nemmeno meschina. Ho la violenza di chi sa pensarsi. Perché questa vita è un revolver che ti devasta la faccia. Perché non è giusto. Perché non riesco a odiare. Odiarmi. Odiare chi mi ha fatto del male. E poi è così complicato capire. Capirsi. La confusione. I suoi limiti. Le rimozioni. Le esaltazioni. Il confondere. L'illudersi. Perdersi. Arrendersi. Reagire. Esserci. Comprendere. Analizzare. Vivere veramente. Illuminami. Illustrami le delizie dell'esistenza. Le gioie multiple. Le sorprese piacevoli. I trucchi. Gli stratagemmi. La bellezza di questo passaggio. Le sue stagioni. Addentrarsi in età sconosciute. Accettarsi. Comprendersi. Raccogliere i frutti. Sedere su una panchina. Aspettare la morte. Andare in pensione. Innamorarsi e poi smettere. Guardarsi allo specchio. Lentamente non riconoscersi. Ingravidarsi di lacrime. Mettere al mondo l'inverosimile. Seguirlo crescere. Raggiungere tappe. Sconvolgersi. Abbandonare l'infanzia. Viverla senza mai averla. Conoscere i mostri della realtà che ti schiaccia. Metterli in fila. Sconfiggerli. Essere paziente. Lucido. Evitare ogni panico. Avere coraggio. Essere forti. Trasformare l'amore in affetto. Rimanere insieme tutta una vita e poi perdersi. Fare l'amore una volta e poi cento. Il corpo lo stesso. Lo stesso che cambia terrorizzandoti. Rimanere identici dentro. Fuori piano piano incredibili. Incredibilmente corrosi. Segnati. Sconfitti. Impotenti. Con le stampelle. Il bastardino al guinzaglio. Convincimi appena che tutto questo è gradevole. Nascere e iniziare a incidersi. Come se non bastasse c'è dell'altro. L'altro che non sei tu. Tutto l'attorno. Il contesto. Il posto in cui ti hanno messo. Famiglia. Cuore. Corpo. Nome. Astri. Incontri. Cervello. Anima. Culo. Anno. Città. Parenti. Sorte. E ancora. Forse sono catastrofica ma non era il mio intento. L'ho sempre detto. Non voglio capire. Cadere. Nel buio. Ci sono dentro. Riprendo da quell'arrivo. Matteo sulle scale. Un bambino con addosso ciò che mi è stato sottratto. La mia infanzia e l'adolescenza. Perché io l'avrei voluta tenere con me sulle mie bambole. Forse è pazzia ma la pazzia è desiderio. Desideravo ciò che non sono mai stata perché non me l'hanno permesso. Desideravo tornare dov'ero. Lo volevo tantissimo. Ritornare all'improvviso dov'ero e vivere la prima volta sul serio. All'improvviso. Di scatto. Come piace a me. All'improvviso. Di scatto. Trovare. L'immenso. Un'emozione fortissima che ti capovolge. Riempie. T'esalta. Ti porta lontano. Fuorissimo. T'abbaglia. Rapisce. La sua leggerezza. La forza. Potenza incredibile e fresca. Una pioggia sottile nel sole. Erba appena tagliata. Profumi di festa. Dove tutto sa solo iniziare e fermarsi. Rimanere sospeso e impalpabile. Mai consumarsi. Finire. Invecchiare. Cambiare colore. Identica tinta squillante e dolcissima. Dolce e avvolgente. Infinita. Che rende il reale diverso. Una cosa immobile dove tu pattini in un corpo invincibile. Veloce. Bellissimo. Rimanere bambini per sempre. Io che non lo ero mai stata avrei voluto esserlo almeno una volta. Lui per me è stato questo da subito. Il riscatto. Riprendermi quello che m'avevano tolto senza che me ne accorgessi. Questo l'avrei saputo solo col tempo. Solo alla fine di tutto. Io avrei voluto essere lui. Prendergli il posto.

SPARA

Una pioggia sottile. Amarognola. Carta stagnola sulle pareti per un continuo appannato riflesso. Le convulsioni dei timpani. Un ritmato ronzio a crearmi voluminosi tappi alle orecchie. Rifugiata ancora una volta nella vasca da bagno. A doppia mandata. Per tenermi lontana la suocera. Era arrivato con il tramonto il serpente. M'ero salvata facendo scorrere l'acqua. Barricata nel bagno l'udivo rimproverarmi con l'entusiasmo. Svuotarsi. Cagare implosioni per rigenerarsi. Scoppiettava dal culo l'inverosimile. Valvola di sfogo credo sia la frase giusta a spiegare cos'ero per quella donna. Ti verranno le emorroidi. Lo diceva picchiettando le sue nocche sulla porta. Ti verranno le 'emorroidi se usi l'acqua troppo calda. Tentava di farmi uscire allo scoperto. Riavere il suo bersaglio. Angelica vieni a vedere il formaggio con la muffa. L'hai lasciato decomporsi. Il ronzio mi permetteva di non esserci. Zanzarone con le ali plissettate svolazzavano assordandomi. La vendetta. Era questo a risucchiarmi interamente. Un pungiglione bello grosso. Stavo vestita nella vasca. Li avevo ancora quei codini adolescenti. L'abitino sopra le ginocchia. M'ero tenuta anche le scarpe. Stavo seduta nella fossa di ceramica attendendo si riempisse fino all'orlo. Vedevo Matteo fatto di denti. Non c'era altro nel suo corpo. Solo quelle ossa da gengiva a dargli forma. Masticava. Deglutiva. Digeriva tutti i sogni. La vendetta. Era questo a risucchiarmi interamente. Un pungiglione bello grosso. Una scommessa. Te la farò pagare. Stanne certo. Per la prima volta nella vita m'ero incattivita così tanto. Tiravo pugni in mezzo all'acqua. Facevo finta fosse shampoo. Lui. Matteo. Testa di cazzo. Ho svuotato una bottiglia. Prendevo a botte il contenuto riducendolo in poltiglia. Nasceva schiuma rosa e densa. Ricordavo me da piccola. Le mie lotte nella vasca. Le facevo quando mi telefonavano gli stronzi. I miei genitori mi chiamavano ogni tanto. Dall'estero parlavano alla figlia. Mi domandavano l'altezza. Solo quello. Stavano rannicchiati dentro la cornetta. Una voce squillantissima. Da ragazzini durante una vacanza. Mi dava fastidio sentirli cinguettare. Mi dava fastidio la loro indifferenza. Quando li sentivo non m'emozionavo più per niente. Cosa vuoi me ne fregasse. Ormai sapevo sopravvivere. Appoggiavo il ricevitore in mezzo ai soprammobili. Riempivo d'acqua quella vasca. M'immergevo simulando un affogamento sofferente. Scendevo con la testa fino in fondo. Stringevo il naso con le dita e poi contavo. Era lontana l'isola. Nessuno cercava di salvarmi. Combattevo con le alici giganti. Con le scimmie assassine. Con le meduse criminali. Le stritolavo con le mani. Indossavo una cuffietta come elmetto. A volte avevo anche le armi. Le spugne con il manico di legno. Sull'isola stavano i miei genitori. Sulle sdraie. Ad abbronzarsi. Bevevano cocktail con la cannuccia decorata da ananas di carta. Mi vedevano mettercela tutta per resistere. Non si spostavano di un millimetro. Si spalmavano l'olio confrontandosi il colore delle braccia. Guardavano le danze degli indigeni. Pensavo alle cose brutte quando mi mancavano moltissimo. M'impegnavo per distrarmi dalla voglia. Voglia di riaverli. Riavere una famiglia. Poi però succedevano i disastri. Tra le cose allucinanti i momenti di dolcezza. Quando mio padre mi portava in macchina mettendomi al volante. La sua bocca sui miei capelli. La sua faccia sopra la mia testa. Oppure quando mia madre era andata a comprarmi la camicetta per il compleanno. Era corsa sotto la pioggia. Senza l'ombrello. La seguivo stando alla finestra mentre lei correva verso il negozio dell'"Affascinante". L'"Affascinante" vendeva solo cose per bambine d'alto rango. Guardandola vedevo una donna dentro una bufera di neve senza il cappotto. E mi sembrava morisse di freddo. E mi sembrava lottasse per arrivare in cima a un monte e regalarmi qualcosa di bello. Quel giorno non ho visto mia madre ma la disperazione della miseria. Oppure mi veniva in mente la dolcezza di quando mi tenevano con loro nella camera da letto. Io stavo nel mezzo. Li avevo tutti e due al fianco. Il calore di quei corpi. Era bellissimo. Più i ricordi erano belli più li odiavo. Se mi ferivano da rimanerci secca entravo nell'ascensore senza luce. Scendevo e salivo almeno venti volte. Dal primo fino a dove stavo e poi a seguire. Attraversavo il tempo.

Attraversavo il tempo ripercorrendolo all'inverso prendendo a pugni quello shampoo. Arrivavo davanti a Matteo quel pomeriggio. Con in spalla la mia scimmia. L'emozione di vederlo. Mi correva incontro sorridendo. Lasciava tutti i suoi compagni per seguirmi. Per guardarmi. Per parlarmi. Per baciarmi dietro un albero. Per dirmi sei bellissima. Avremmo riso rincorrendoci. Avrei lasciato la mia vita in quel momento. Tutto quanto. Via. Veloce. Verso un'altra terra. Alla scoperta della gioia. Quella extraterrestre.

Questa luna opalescente che s'innalza. Tutta tonda. Gli ululati. Li facevo stando zitta. Il burattino nelle mani dell'ennesima sconfitta. Lo vedevo quell'aggeggio da romantici. Corteggiato dalle stelle. Chissà quanti s'abbracciavano nei campi. Chissà perché quell'immagine campestre. Forse l'estate troneggiante mi portava il grano nella mente. Spighe alte come culla per gli amanti. Chissà com'era stare bene. Divertirsi veramente. L'esultanza. Annichilita assistevo a qualcos'altro.

Gianmaria trafficava con "l'acquisto per la persona intelligente". Se ne stava rovesciato su una seggiola. Metà corpo sopra il tavolo. Leggeva "le istruzioni per il campione autodidatta". S'era comprato una scacchiera all'importante televendita. Una scatola di legno dal decoro quadrettato. "L'hobby per l'intellettuale che ha bisogno di svagarsi." Era arrivata poco prima da pagare in contrassegno. Era stato lui a ritirarla con mestizia. La posava sopra un mobile cautamente per scartarla. Con attenzione curatissima. Quasi temendo che gli scoppiasse sulla faccia. Si sarebbe disputata una battaglia. Alle otto e mezza. Al piano di sotto. Ci teneva stranamente mio marito io ci fossi per assisterlo. Ci teneva fossi presente come quell'altra moglie del suo avversario. S'erano dati appuntamento. Non sapevo conoscesse qualcun altro a parte me dentro il palazzo. S'erano conosciuti casualmente aveva detto. Era stato l'inquilino a trasmettergli la voglia. Lui faceva i campionati. S'era prestato per istruirlo nelle mosse. L'ho seguito controvoglia. In ciabatte. Dopo l'antefatto non sapevo dove sbattere la testa. La sbattevo nella rabbia. Si sporcava con la cacca. Nell'intento di rivalsa. Siamo scesi in fila indiana. Stavo dietro a quell'antropomorfo. Spalle strette e culo grosso. Non scopavamo già da tanto. Dopo l'esperienza del cinema porno s'era dato alla purezza. S'era messo a leggere la Bibbia. Non sentivo la mancanza. Andava meglio. Una botta di culo stratosferica.

Una donna con la tuta da ginnastica ci attendeva a porta aperta nell'ingresso. I capelli lunghissimi tenuti da dei nastri. Si capiva che nuda avrebbe fatto arrapare anche un morto. Si è presentata ma non lo ricordo. Vedevo quelle teste. C'erano cervi appesi come quadretti sopra pareti rosa elettrico. I trofei della caccia nei boschi. Era il marito a ucciderli. Un maschio basso ma sexy. Un animale da monta. Portava jeans aderenti scoloriti sul pacco. L'accappatoio di spugna lasciato aperto davanti. Quando m'ha preso la mano gli avrei succhiato i capezzoli. Del sesso selvaggio con un porco d'adulto. Ecco cosa mi serviva per pisciare addosso a quel ragazzino il disprezzo. Mandarlo a farsi fottere una volta per tutte. Quanto sarebbe stata orgogliosa mia suocera. Iniziavo a ragionare come lei. A inacidirmi. Non una volta. Una volta per tutte vai a fanculo moccioso di merda. Vada a fanculo questo aspirare sconvolgenti e inusuali passioni. Torna a essere quella che eri dio cristo. Una battona tradizionale. Con una fica tradizionale. Le scopate tradizionali. Dei maschi tradizionali che te lo sbattono dentro. Ti dicono succhialo tutto. Oppure voglio farti godere come una troia. Oppure adesso ti apro in due come una cozza. Oppure sei proprio una cagna in calore. Questa sì che era musica per le mie orecchie. Altro che corse nei prati e altre minchiate. Altro che Gianmaria e la Bibbia. Io ero nata per altro. Dovevo far ritorno alle origini. Non vedevo nessuno in quell'appartamento. Solo quel cazzo. Quell'arnese liberatore. Ci siamo seduti attorno a un tavolo tondo. Disposti quasi ci accingessimo a una seduta spiritica. C'erano delle tazzone con sopra il disegno di Topolino e di Minni sui bordi. Delle tisane fumanti all'interno. Mi sarei scolata una bottiglia di vodka. Fissavo le labbra di quell'avversario sorseggiare l'intruglio. Gli studiavo le mani coperte da anelli quando muoveva gli scacchi. Cercavo d'immaginarle strette sopra il suo cazzo. Si masturbava davanti allo specchio. Doveva averlo grossissimo. Gianmaria ogni tanto si dilettava nell'accarezzarmi le guance. Accarezzava il criceto. Sbatteva le palpebre. Avrei voluto le chiudesse per sempre. Non sapeva l'eccitazione che avevo a farmi tremare le cosce. Chissà quant'era lungo quel membro da mostra. Di quale circonferenza. Colore. Odore. La forma. Se dritto. Storto verso sinistra. Il manganello per devastare la storia. Bastonare il delirio. Punire la bellezza cercata con tutto l'affanno. La moglie l'avevo al fianco. Cercava d'entrare in confidenza. Si girava per parlarmi con tonalità da casalinga. Declamava l'importanza d'usare il detersivo al limone per i piatti. Le stoviglie. Le forchette. La spugna double face con da un lato la paglietta. S'ingarbugliava in un monologo indistinto. Ne coglievo il senso a sprazzi. A spruzzo. Era una pompa in un giardino di ciclamini senza fascino. Buttava un filo d'acqua senza mai centrarli. Non mi colpiva l'interesse con quei discorsi sulla destrezza nel domestico. Me la figuravo col marito. A letto. Lei a pecorina con un perizoma tra le chiappe. Lui estraeva dalle palle il grande cazzo. L'aveva fluorescente. Lo vedevi al buio allungarsi a dismisura. Entrarle dentro. Fuoriuscirle dalla bocca. Continuavo a consumarlo con furbizia a fasi alterne. Perché non si notasse quant'ero in preda alla voglia di un focoso accoppiamento. Lui s'era accorto che anelavo averlo addosso. Ricambiava certi sguardi. Era fatta. Alle porte la vittoria. Avrei raggiunto l'obiettivo senza sforzi. La ripicca. A fine partita ci siamo ritrovati corpo a corpo. Si sfioravano i nostri lati sul divano parlottando amabilmente. Gianmaria guardava delle foto con la moglie. Scatti da vacanza. Stavano vicini sovrastati da due cervi. Ho pensato pure a un collettivo accoppiamento. Un'orgia madornale tra quelle teste che sbucavano da pareti rosa elettrico. Conversando raccontava che vendeva panettoni natalizi. Che sfigato poveraccio.

Ho strabuzzato gli occhi come un'imbecille. Esclamato ma è incredibile. Un lavoro entusiasmante. Adoro quei dolci più di qualsiasi altra cosa al mondo. Ho aggiunto sospirando peccato non riesca ora a trovarli. La mano appoggiata sul cuore. Il suo uccello inserito tra le mie tette. Espressione d'afflitta. Da puttana in astinenza. S'è prestato immediatamente a colmare la mancanza. Nessun problema. Li avrai domani stesso. Chiedevo emozionata davvero credi sia possibile? Ti farò un prezzo di fabbrica. Ne ho ordinati venti. M'ha rimproverato Gianmaria per l'avventatezza dell'acquisto. Io pensavo all'avversario. Trovavo corrispondenze con il padre della Mariella. La bambina morsicata dalle pulci.

Anche suo padre aveva molti anelli. Il pacco gonfio tra le gambe. Quella faccia da maschio scopa femmine. La moglie invece sembrava una serva brizzolata con la gobba. La Mariella aveva anche una sorella che faceva la puttana coi clienti. Portava ciabattine con piume d'uccello sulla punta. Quanto mi mancava quell'amica adolescente. Veronica-culo-da-favola non era riuscita a colmare la perdita. Di lei mi mancava tutto. Perfino le sue gambe piene di una specie di foruncoli che aveva sul viso e sulle braccia. Era secca secca. Spettinata. Malridotta. Il pomeriggio dei giornalini porno m'aveva guardato stando ferma sotto un albero. Poi m'aveva chiesto se la seguivo nell'ufficio di suo padre per giocare coi telefoni. Siamo entrate in quell'albergo tutto sozzo. Con i gatti anche negli angoli. Ti s'incollavano le suole al pavimento camminando. Nell'ufficio c'era la polverina per uccidere le pulci. C'erano le pulci dappertutto. Le abbiamo schiacciate con un fermacarte a forma di lingotto. Stavamo sedute in mezzo ai gatti facendo numeri a casaccio. Quando qualcuno rispondeva gridavamo parolacce. La Mariella mi piaceva. Era come me una disgraziata. Non si metteva le mutande. Le davano noia gli elastici. Parlava in francese inventandolo. Biascicava parole senza la erre sbattendo le chiappe. Le piaceva anche parlare all'incontrario. Come Satana. Guardava sempre i film dell'orrore e non si spaventava per niente. Certi pomeriggi l'invitavo nel mio appartamentino indipendente. A bere il tè con i biscotti. Lei arrivava con la bambola parlante. Faceva finta fosse sua figlia. La prendeva sempre a botte perché non stava ferma. Anche io m'accanivo su quella poveretta. La colpivamo con la scopa sulla testa. Era diventato un gioco formidabile. Gliele davamo di santa ragione. Poi la buttavamo fuori dal camioncino. Tra la neve. La cosa che più adoravamo era fare finta di scappare. Io stavo al volante. Lei di fianco con la valigetta. Mi diceva di andare piano. C'erano le curve. Non ci avrebbero preso lo stesso. Stavamo andando fortissimo. Possedevamo dei trucchi. Quello della nebbia che usciva dal tubo di scappamento. I raggi laser che partivano dagli specchietti. Lei rubava i soldi dalla cassa per le sigarette. La birra. Le avevo attaccato i vizi. Ci ubriacavamo come matte. Ridevamo per un niente. Gli altri ragazzini del quartiere ci chiamavano le due poveracce. Facevano gli appostamenti. Degli attacchi. Aspettavano che uscissimo. Ci colpivano con le cerbottane. Si attaccava dello stucco nei capelli. Sulla faccia. Non ci rattristava quel comportamento. Dicevamo siamo le più forti. Ce lo dicevamo quando succedeva. Dicevamo siamo le più forti. Mi mancava molto la Mariella. Avrei voluto rivederla. Riavere il camioncino magico. Mettere la marcia. Premere l'acceleratore fortemente. Per la seconda volta desideravo la sua morte. Averlo davanti il ragazzino. A pochi metri. Una rincorsa. Incidere l'asfalto. Attivare i raggi laser. La nebbia dagli scappamenti. Spingere il gas e investirlo. Partire a tutta birra e farlo secco.

Ero pronta. La battona che riceve il suo cliente. Ero come la sorella di Mariella. Musica rock dentro alle casse. Le mie labbra rosso lucido. M'ero imbrattata la passerina d'idratante. Volevo scivolasse. Ero fuori allenamento. Ho eseguito addominali per avere il ventre piatto. Gli esercizi per i glutei. Li volevo belli sodi. All'altezza dell'attacco. Gli ornamenti. Un tanga ridottissimo per slanciarmi al massimo la coscia. Un reggiseno trasparente a rendermi visibili i capezzoli. La vestaglia con lo strascico. Il profumo sopra al collo. L'avrebbe morso stando dietro per chiavarmi. Ho messo un fiocco sulla testa della scimmia. Anche lei doveva risultare coreografica. Finalmente lo capisci che sei nata per far questo. Le divagazioni non ti servono. Sei rientrata nella testa. Butta fuori quel marmocchio. Avanti tutta. Molla ormeggi. In mare aperto. Sei sulla zattera. Segui le onde. Movimenti pelvici. Depravazione. Fai la tua scelta. Ancora sette giorni. Una settimana. Poi scappi. Lasci Gianmaria. Matteo. La suocera. In balia della corrente. Fatti spingere. È suonato il campanello. È arrivato il tuo momento. Apri la porta. Apri le gambe. Apriti tutta. Lui era lì. Stava verticale nell'ingresso. Le mani appoggiate sulla patta. Ha spinto uno scatolone dentro casa con un calcio. Quanta furia a cinque stelle. Se non l'avessi preso in bocca. Se non l'avessi fatto subito sarei corsa sotto il letto. Non ero poi troppo convinta. Si trattava di un rimpiazzo. Sostituivo il ragazzino con quel porco. Cronaca nera al posto della favola. L'ho infilato tra le labbra assalita dalla nausea. L'avversario mugolava stringendomi la testa. Sussurrava a denti stretti l'ho capito subito che eri una baldracca. Una baldracca. Ero una baldracca. Me lo sono tolto dalla bocca. Li ho tirati fuori tutti. Scartavo panettoni per divorare lo schifo che provavo per me stessa. Stavo a quattro zampe. Sul tappeto. Li prendevo a morsi. Li mangiavo mentre me lo sbatteva dentro in modo ginnico. Sbatteva la baldracca. Souvenir veniva a rubare i pezzetti con le mandorle. Stava tranquilla a mordicchiarmeli davanti. Lui grugniva dando colpi. Sono venuta per due volte masticando. C'era l'erba. I pecorai con delle mandrie. Gli steccati per le bestie. Delle verghe per farle stare da una parte. Quando se n'è andato sono saltata a piedi pari su quei dolci. Li ho distrutti tutti. Quasi avessi otto anni e fosse l'ultimo dell'anno. Era successo questo a quell'età. In quel giorno. In casa un'eccitazione incontrollabile. I miei genitori si preparavano alla festa. Al gran veglione. Festa al castello. Gli abiti comprati al magazzino delle firme. Mio padre con l'abito bello. Lei col vestito con lo strascico. Da cerimonia. Trasparenze. Acconciatura. Il maquillage molto importante. Tutto il trambusto. Preparativi. Delle corsette. Io ero invisibile. Non mi vedevano. Stavo in poltrona con l'orsacchiotto. Dentro il pigiama. Minestra fredda. Speravo dicessero vieni anche tu. Metti le scarpe. Alla bebè. Vernice lucida. E poi le coccole. Come mancavano. Come correvano. Nervosi. Emozionati. Luce negli occhi. Degli orecchini. Mi hanno chiesto siamo abbastanza affascinanti? Faremo tardi. Chiudiamo a chiave. Non aprire se qualcuno suona o bussa. Mia madre ha appoggiato due panettoni sopra il tavolo. Ha detto scegline uno per il brindisi. Questo è speciale con delle mandorle. L'altro è normale. Vedi tu quale preferisci. Sono usciti infilandosi il cappotto. Un bacio a testa. Via veloci come Cenerentola. Sono rimasta dentro. Chiusa a chiave. M'ha assalito il panico. Ho bussato ai vicini sperando mi sentissero. Venissero a prendermi per portarmi con loro nel salotto. Avevano il volume della radio altissimo. Resi sordi dalla musica. Avevo paura. Avevo paura che i miei genitori non tornassero. Sarebbero venuti i vigili del fuoco a liberarmi. Li vedevo arrampicarsi. Scendere dagli elicotteri. Mi trasformavo in un incendio. Ero da spegnere. Non mi sentivo una bambina quella sera ma un fuoco da domare con gli idranti. Ero sola. Coi vicini dall'udito devastato dai programmi radiofonici. Quel grande senso d'impotenza. All'improvviso ho guardato i panettoni. C'era tutto lì dentro. Solitudine. Famiglia. Nespole. Lampada abbronzante. Incubi. Tristezza. Li ho tirati fuori dalle scatole. Messi a terra. Tremavo dalla voglia. Dalla rabbia. Mi sono infilata gli stivaletti che usavo con la pioggia. Ho preso la rincorsa. Gli saltavo sopra. Li violentavo con i tacchi. Con le punte. Li colpivo con stizza. Così per un'oretta. Fino a quando sono caduta a terra. Esausta. Dopo il sesso con quell'avversario ho rifatto il rito esorcizzante. Li prendevo a calci. Senza stivaletti. Con la stessa foga che avevo usato quella volta. Li massacravo con destrezza. A uno a uno. Senza pietà. Senza fermarmi. Qualcuno l'ho buttato dal terrazzo. Dalla finestra della camera da letto. Sulle macchine. Li vedevo precipitare e poi schiantarsi. Non provavo nulla. Provavo tutto. Un'intera gamma di sentimenti contrastanti. Nani e giganti. Anoressici e obesi. Formiche ed elefanti. Giapponesi e africani. Fuoco e acqua. Gianmaria m'avrebbe visto quella sera stare a terra tra lo scempio natalizio. La sua voce. Quattro parole solamente. Devi. Tornare. Dall'analista.

Fuori di testa. Ero così fuori che riuscivo a guardarla. L'avevo di fronte. Avrei potuto afferrarla. Lanciargliela in faccia. La mia testa in faccia alla suocera. Era arrivata nel primo pomeriggio. Io mi stavo facendo il bidè quando ha aperto la porta. Mi bruciava la fica per il sesso con l'avversario. Mi bruciava lo stomaco per i panettoni ingeriti alla moda bulimica. La sera prima avevo ripulito il pavimento. Preparato il minestrone stando zitta. Anche lui non m'aveva detto niente. Pensava fossi pazza.

Angelica sei sempre in quel bagno porca miseria. Hai la diarrea o qualcos'altro? Vieni fuori che devo parlarti. Me la sono ritrovata davanti ubbidendo. Parlava dandosi un ritmo. Scandiva parole accentandole. Angelica non dirmi di no. Non potevo dirglielo. Ho vinto un pomeriggio per due persone all'estetica "Bella e soda". L'aveva vinto. L'ho vinto con l'estrazione. L'aveva vinto con quello. Ho compilato il modulo. L'aveva fatto. L'ho trovato nel fustino del detersivo "Macchicida". L'aveva trovato lì. E ho vinto! Aveva vinto. Dobbiamo andarci. Dovevo andarci. Dovevo andarci? Quale interrogativo apocalittico. Mi stava davanti ondeggiando. Disponeva il suo peso sulla gamba sinistra. Poi su quell'altra. Il pendolo di un orologio mastodontico. In legno massiccio. In alto una porticina a soffietto. S'apriva quando tossiva sproloqui. Ne uscivo io spinta da una piccola molla. Mi ricoprivano piume la pelle. Avevo le alette. Il becco arancione. Emettevo cucù trasalendo. Tornavo a rinchiudermi dentro. Angelica perché non porti a benedire quella bestiaccia una volta per tutte? L'ho visto in un documentario che i negri lo fanno. Li portano in chiesa per togliergli il diavolo. Avrei dovuto andarci io a farmi spruzzare sul capo dell'acqua santa. Farmi debellare da mostruose presenze. Quel dannato adolescente l'avevo tra le vene latitante. Nonostante l'avessi preso a calci continuava a fare capolino in mezzo al sangue. Resisteva a ogni attacco. Se pronunciavo il suo nome un'altra volta mi sarebbero venute le convulsioni dalla voglia. Souvenir s'era aggrappata a una gamba. Si nascondeva dietro il mio polpaccio. L'avrei portata con me lasciando quel posto. Perché ormai ero convinta che l'avrei fatto. Verso dove non sapevo ancora interamente. Allo sbando. A raccogliere mele. Pere. Albicocche. In campagna. All'aria fresca. Il canto del gallo. Le mucche pascolanti. La vita nel verde. Alla stazione. Una barbona con la scimmia. I passanti. Il letto di cartone. Le mille sbronze. Il bottiglione. Capelli sporchi. Dentro a un convento. Stare in ginocchio. Le mani giunte. Il purgatorio. Dire il rosario. Mangiare l'ostia. Essere casta. Sposare Dio. Bruciare incenso. Le ho detto vengo. Colpo di testa. Accettavo il pomeriggio dall'estetista. Lo sai che pacchia. Come potevo oppormi alla veemenza. Come sconfiggerla. Preferivo mi soggiogasse un'altra volta. Tanto non avrebbe avuto l'occasione di rifarlo. Sarei stata assente. Tolte le tende. Avanti in marcia. Facciamo tardi. Era il coniglio bianco con la sua sveglia. Il tuo posto è il forno. Temperatura al massimo. Le patatine fritte come contorno. M'ha preso il braccio. La seguivo per sottopormi alla tortura dei massaggi. Dall'assassino. Sopra il patibolo. Questa la voglia con cui mi dirigevo al centro estetico.

Siamo partite con la sua macchina. Un'utilitaria rossa coi sedili ricoperti da teli fatti all'uncinetto. Si partiva per lo spazio. Stava rigida. A testa alta. In prima. Non cambiava mai la marcia. Sul cruscotto calamite con la faccia di suo figlio. Un ovale ricoperto dalla plastica. Sotto scritto "Signore proteggilo dalla disgrazia". Signore proteggi me da quest'ennesimo supplizio. La strada pareva interminabile. Raggiungevamo il lato opposto della terra. Guidava lentamente. Stando al bordo. Sulla linea gialla. Vicino al fosso. Malediva tutti quelli che andavano più forte. Disgraziati non siamo mica sul circuito! Stringevo i denti per non azzannarla. Quando siamo arrivate finalmente nel parcheggio ho sospirato a bocca aperta. Sia ringraziato il firmamento. Angelica una volta per tutte cerca d'aspettarmi. C'era il campanello con la foto di una donna tutta secca sulla porta. Ho suonato ritrovandomi all'ospizio. La suocera stava dietro lasciando che avanzassi allo scoperto. Temeva ci fosse qualche trucco. Magari ci violentano. Ci rapiscono. Stavano sedute le signore settantenni. Lì in mezzo potevo ritenermi una lolita succhia lecca lecca. Una ninfetta. Mi sono ritrovata tra queste attempate in bellavista. Dei salmoni con l'epidermide squamata da rinvigorire coi riti satanici. Sostavano a braccia conserte leggendo le riviste. Tutte finite. Tristi. Cadaveri con la gonna al ginocchio. Angelica una volta per tutte cerca di sederti. Non possiamo mica rimanere in piedi come mammalucche. Mi sono sistemata cercando d'appartarmi inutilmente. Sbucavano da tutte le parti come funghi. La suocera attaccava bottone facendo le domande. Le mancava un faro acceso da puntare sulle facce. Osservavo furtivamente le signore in cerca di restauro. Forse quel pomeriggio c'era il raduno delle fortunate vincitrici "Macchicida". Avevano tutte quell'aria depressa da casalinghe sottomesse dalle polveri domestiche. Le chiome rigide dall'eccesso di lacca. Potevano prendere quota con quei capelli. Parevano eliche. Non erano donne normali. Erano donne-elicottero. Fissavo la più giovane. Una forse sessantenne dallo sguardo perpendicolare all'asse. Intravedevo la sua vita. Ne costruivo l'impalcatura. Un marito. Due figli. Cornuta. Un po' frigida. Doveva essere stata una bella donna. Io questa frase la proibirei. Rischio l'ergastolo. Quale distruttiva potenza. E così Angelica se decidi di rimanere ti ritroverai fra trent'anni in quel bel posto che lei già attraversa. Coi capelli-elica. La pergamena sul collo. Se non t'uccidi dovrai visitarlo per forza. La zia una volta m'aveva fatto vedere la cartelletta. Dentro c'erano le fotografie in bianco e nero della sua giovinezza. Lei in costume da bagno. In abito da sera. Coi ragazzi. Quello che m'aveva sconvolto non era stato vederla in piedi ma scoprire che era stata diversa. Anche lei bambina. Ragazza. Un'altra. Da piccola pensavo che gli anziani lo fossero stati sempre. Nati già così. Coi capelli bianchi. Le grinze sulla pelle. Ho iniziato a undici anni ad avere orrore per la decadenza. Riflettevo su quella trasformazione inevitabile impallidendo. Sono corsa alla toilette per schermarmi dalla vista dello strazio. Una volta dentro evitavo lo specchio quasi fosse la peste. Gli davo la schiena. Accarezzavo le mattonelle. Ero in trappola. Mi sarebbe toccato diventare decrepita. Una cariatide. Una donna-elicottero. Avrei iniziato a puzzare di prosciutto cotto come le vecchie. Nemmeno il profumo più intenso sarebbe riuscito a coprirlo. M'annusavo per accertarmi non ci fosse l'inizio di tracce. Maiale bollito emanato dai pori. C'era Matteo in agguato sotto la pelle. Dovevo farmi forza. Tener duro. Non invocare il suo nome invano. M'avrebbe pugnalato alle spalle e costretto a rifare il percorso cercando d'espellerlo. Non potevo permettermi sbagli. Distrazioni. Appigli. Mi conveniva anestetizzarmi. Iniettarmi del liquido nei punti giusti. Tramortirmi. Mi sono schiaffeggiata la faccia. Sono tornata in mezzo alle altre. Guardavo a terra per non vederle. La suocera aveva già fatto amicizia con tutte. Teneva banchetto. Elargiva ricette. Il suo pollo. Consigli. Non stava mai ferma con quella lingua. All'improvviso è apparsa una signorina in camice bianco. Movenze da dottoressa che può salvarti. Estirparti il cancro. Farti rinascere. M'ha chiamato a voce alta chiedendo di seguirla. M'ha condotta in un cunicolo. Sfociava nel mare degli specchi a tutta altezza. Potevi guardare da ogni parte e ti vedevi riflessa. Un incubo. Datemi un paraocchi come i cavalli. La folta criniera. Partire al galoppo. Signorina si metta le mutandine di carta. Dovevo indossare un fazzolettino da naso con due triangoli e stendermi. Sarebbe seguito il massaggio rimodellante. Io il vaso d'argilla. Mi sfilavo gli indumenti con ansia. Un muro spoglio davanti alla faccia. Fucili di ferro puntati dovunque. L'esecuzione ad attendermi. Su si rilassi. Si metta di pancia. Le sue mani erano bisturi. M'incideva la pelle palpandomi. Stavo dura come pinocchio. L'avevo di legno la carne. M'irrigidivo ulteriormente a ogni frizionamento. Diventavo metallo. Non sopportavo essere toccata da quell'estranea. Poi il commento. Lei ha proprio un bel corpo. Devo farle i miei complimenti. Quando l'ha detto sono risorta. Le avrei fatto un monumento d'oro massiccio. Quella non era un'estetista ma l'angelo della salvezza. Quanto l'amavo da tutte le parti. Come godevo al suo tocco. Quale gioia mi pervadeva ogni muscolo. M'ammorbidivo usufruendo dei benefici di quel trattamento. Sbavavo lasciandomi cullare dai polpastrelli. Ah come adoro il mio corpo perfetto! Che botta di culo starmene qui ad ascoltare i suoi complimenti! M'ha fatto girare per lavorarmi davanti. Ormai poteva farmi di tutto. Anche scuoiarmi. C'era un sole morbido e bello. Cento farfalle. Le limonate coi cubetti di ghiaccio. Io la bellissima. Lei la madonna col camice bianco. Vedevo diagonalmente vasetti. Flotte di bassi cilindri allineati ordinatamente sui mobili. Gli intrugli magici. Anche la romena li aveva avuti per un certo periodo.

Un anno s'era messa a fare la rappresentante di cosmetici. Arrivavano le vicine a spalmarsi campioncini sulla faccia. Lei tirava fuori la sua valigetta. Illustrava ogni vantaggio. Faceva le dimostrazioni. Aveva la modella. Una diciottenne da concorso di bellezza che abitava nella porta a fianco. Le metteva i fanghi sulle gambe. Avvolgeva tutto con del cellophane. Le clienti sembrano attendere il miracolo. Stavano attorno a quella poveretta tutta sporca. Aspettavano il suono della sveglia. La romena usava la sveglia come timer. Al trillo iniziava lo scompiglio. Le vedevo innervosirsi. Esprimere il verdetto. La straniera domestica annullava qualsiasi scetticismo. Sapeva vendere. Esibiva la modella da concorso. Con i suoi prodotti si sarebbero trasformate tutte in quel prodigio di freschezza. La zia non sopportava le intrusioni di quei pomeriggi. Si chiudeva a chiave nella camera da letto. Pregava Gesù Cristo. La sentivo tormentarsi nei rosari. Diventare paranoica. Mi facevo le maschere di pinne di pescecane. L'antirughe. La volevo in cambio del mio buon comportamento. Stavo seduta vicino alle habitué da convincere e me la spalmavo addosso. La facevo anche alla Mariella. Ce la mettevamo sulle tette sperando diventassero più grosse. Non speravo niente invece stando sul lettino avvolta dai bendaggi. Dopo l'ebbrezza per quei complimenti iniziavo a innervosirmi. Ogni tanto mi sentivo riversa sopra un marmo. All'obitorio. Udivo in alternanza la voce della suocera. Forse era un'allucinazione un po' perversa. Il suo una volta per tutte aleggiava per le stanze. La signorina in camice mi gravitava attorno. Il mio satellite. Di me conosceva a memoria ogni millimetro. M'aveva in pugno. Soprattutto quando m'ha appoggiato due dischetti di cotone sopra gli occhi. Poteva anche farmi le boccacce. Rovistarmi gli angoli del corpo. Contarmi le imperfezioni della pelle. Chi l'avrebbe vista. Avevo le fitte prodotte dalla protratta posizione orizzontale. Non mi circolava il sangue nelle gambe. Stavo per alzarmi quando ha detto vada pure a fare la doccia. Quasi m'avesse letto nel pensiero quel parassita di donna. Ormai era diventata una zecca e non m'importava più avesse detto cose ammirabili. Mi succhiava attaccandosi alle ginocchia. Con un ago che le nasceva dal mento. Mi sono messa seduta ad angolo retto. Finalmente ero libera. Faticavo a erigermi. Ero come la zia paralitica. Sono stata introdotta in uno spogliatoio bello lungo. Diverso da quello della scuola di danza. Con un'atmosfera da campo di concentramento. C'erano neon a illuminarlo.

Dei box di vetro e alluminio nel fondo. Gli abiti delle clienti appesi dentro armadietti senz'anta. Sotto allineate le scarpe. Ho iniziato a provarle. A una a una. Percorrevo con ciascuna piccoli tragitti. Poi m'è venuta la voglia di indossare un completo da quattro soldi. Ben tenuto. L'ho scelto fra gli altri. Si capiva che erano indumenti importanti per la proprietaria. Forse il meglio contenuto nell'armadio. Immaginavo lei in una stanza silenziosa coi cuscini rivestiti con i pizzi. Il crocifisso sopra il letto. Le foto dei parenti sotterrati. Una boccetta di profumo sistemata in mezzo ai soprammobili. La cassettiera lucidata ereditata dalla nonna. Perfezione da defunti. Mi sono infilata le sue scarpe. La sua gonna. La sua camicetta. Quando ho sistemato il foulard attorno al collo l'emozione m'ha distrutto. Quel foulard profumava di magnolia. Profumo di magnolia. Lo stesso che aveva mia madre quella notte. La notte in cui l'ho sognata e sembrava che ci fosse. Lei tornava dopo anni. Nei pensieri più cattivi lei arrivava in limousine. Un autista coi lustrini. Chioma d'attrice americana. Dei diamanti. Un barboncino con i fiocchi. Grand Hotel con per terra la pelliccia. La pronuncia arrotondata. Lei tornava così bella. Per questo m'aveva abbandonata. Per avere il paradiso. Assaggiare la lussuria. Lei tornava e io l'odiavo intensamente. Per la spietatezza. L'egoismo. Quel barattarmi in cambio di una vita da commedia. Nel sogno quella notte invece lei appariva con il viso stanco. Trasformato dalla debolezza. Fragilissima. Niente trucco. Sembrava un'operaia da catena di montaggio. Aveva perso pure l'arroganza. M'aspettava sulla porta a braccia aperte. In controluce. Lei la sconfitta. Lei la piegata dall'insuccesso. Io l'abbracciavo. Lo facevo e non sentivo niente. Nessuna rabbia. Odio. Amore. Nessuna traccia di un sentimento che lo fosse. Non sentivo nulla accarezzandole i capelli. Niente amore. Niente rabbia. Niente odio. Solo odore di magnolia.

Avevo diciassette anni la notte in cui è successo. La cercavo nelle stanze. Le dicevo piangendo sono tua figlia vieni a prendermi. Le dicevo perché ho lasciato mi dimenticassi. Perché non ti ho preso a botte. Ti ho lasciata andare lo capisci. La romena mi gridava di smettere di fare la sonnambula. Che era presto. Torna nel tuo letto. Stai zitta. Non mi vergognavo di soffrire così tanto. D'ammettere quanto era importante quella madre farabutta. Era come se n'andasse in quel momento. Non quel giorno. A nove anni. Quella notte. Se n'andava col pudore che m'era servito in quegli anni per proteggermi. Almeno un minimo. Dal dolore del distacco. Per anestetizzarmi al contraccolpo. Stringere i pugni. Guardare avanti. Non l'avrei più sentita al telefono. Non avrei sentito neppure lui. Mio padre. Il consorte. Forse quel sogno era un segno. L'ultimo. Poi la scomparsa. Definitiva. Neppure un cenno. Una cartolina. Un francobollo.

Me ne stavo col foulard stretto al collo. E c'era tutto. Non c'era niente. Solo quello schifoso odore di magnolia. Avrei fatto la doccia per toglierlo di dosso. Avrei rivisto poco dopo la signora una-volta-per-tutte. M'avrebbe parlato della depilazione alle gambe. Dei sali drenanti nella vasca con l'acqua. Del pedicure ai suoi mignoli. Io guardavo avanti. Da una vetrata del centro. Là in fondo. Vedevo qualcosa. Il tramonto. Un sole sceso a sfiorare la terra. Sfumature nell'aria sbavate come un rossetto. Stavo atterrando. La fine di un viaggio. Sarei decollata ancora una volta. Io lo pensavo mentre continuavo a vedere mia madre. In controluce. A braccia aperte. Mentre vedevo Matteo correre veloce dall'altra parte. Dove non c'ero. Dove c'era dell'altro. Io l'avrei fatto. Non mi sarei arresa planando. Avrei sbattuto forte le braccia. Invulnerabile. Un cuore in acciaio inossidabile. Due membra affilate come un coltello. Mi sarei risollevata alzando di colpo le mani verso l'azzurro. Io l'avrei fatto. L'avrei inculato questo cielo del cazzo.

Suonavano le trombe e i violoncelli. Danzavano angioletti boccoluti tra le fronde. Motivi floreali variopinti a cadere giù dall'alto. Vassoi ricoperti di frutta e di conigli. Damine emozionate sollevavano le gonne. Gli uccellini tutti in coro cinguettavano nei campi. Quale gioia! Quale festa! Il condominio di cemento. Io e lui sul divano con la scimmia in mezzo. La televisione accesa sulla guerra. I broccoletti sopra al fuoco emanando pestilenza. Gianmaria con la vestaglia e le ciabatte. Una pipa a penzoloni tra le labbra. Gliela aveva consigliata l'avversario. C'era la partita dopo un'ora nel programma. Azzeccherai meglio le mosse. Aveva detto. Angelica domani sera ti porto al ristorante. Oddio che bello! Mangiare tagliatelle col ragù di cervo. Vederlo leggere il menu-romanzo. Ero già stata messa a dura prova da sua madre. Dagli specchi. Dal foulard. Dalle vecchie. Dal profumo di magnolia. Può bastarmi. Adesso basta. Hai presente un basta col rumore che fa un piatto se si rompe? Stesso suono netto e secco. Ho pensato. Io mi sbronzo. Non vado con lui dall'avversario. Sto qui dentro. Bevo tutto. Molta vodka. Mi sconvolgo. Questa sì è la scelta giusta. Più assennata. Nel delirio. Mi mancava quel coraggio di rimanere un altro giorno. Aspettare di sentirmi pronta al lancio. L'incoscienza. Me la procuravo con dell'alcol. Ora stai ferma. Manca poco e poi lui scende. Va di sotto. Tu gli dici io non vengo. Sono stanca. L'estetista. I trattamenti. Non insistere. Ci riesci stai tranquilla. A quel punto apri l'armadietto. Te la prendi. La bottiglia. Ogni goccia. Fino all'ultima. Ne dai un po' anche alla scimmia. Per sedarla. Nervosissima. Avevo visto Matteo dalla finestra. Subito dopo il rientro dal centro di bellezza. Un incidente. Una distrazione disarmante. Era da prendere. Infilare dentro un sacco. Chiudere in credenza. Se ne stava come sempre con quegli altri. Gli amichetti che detestavo fino al limite massimo. Bevevano Coca-cola con la cannuccia. Si tiravano i tappi. Mi sono data un pugno allo stomaco. Per compensare la botta emozionale con quella fisica. Che smarrimento ogni volta. Che impeto mi s'innescava simile a un antifurto! E con quanta sapienza! Un'arte sommata al genio e al talento. Avrei dovuto aprire un'agenzia vendendo lezioni su quella materia. L'istantaneo collasso. Mi consolavo nel vedermi tonica dopo i massaggi. La pelle tirata più di una corda. Che spreco. Non durerà a lungo. Le avevo inserite in memoria le signore sfigurate dal tempo. Dovevo reagire prima di diventare una cariatide. Allora vado senza di te Angelica. Sei sicura non hai voglia? Mi faresti contento. Cosa vuoi che m'importi. Mi sono trattenuta nel dirlo. Ho aspettato sparisse per darmi all'etilico. Mi attaccavo alla vodka quasi fosse spremuta d'arancio. Stavo in piedi in mezzo alla stanza. Tiravo le banane alla scimmia. Dopo averne scolata metà m'è venuto il pensiero fantastico. Esagero. Esco. Faccio baldoria. Vado al disco pub che ho visto oggi rientrando. Mi faccio scopare da uno sconosciuto sul cofano. Ballo sbattendo le chiappe. Sono troppo in forma stasera per marcire qui dentro. E se lui poi s'incazza cos'ho da perdere. Mi butta per strada. È quello che cerco. Ero in preda all'istinto generato dall'alcol. All'irragionevolezza. La vodka aveva innescato la miccia. Ero una bomba. Cercavo la mano che serviva a lanciarmi. Produrre quel suono. Lo schianto. Ti sei ammuffita a forza di ristoranti. D'atroci tormenti per quel bambinetto. Di polli. Di minestroni. Di sedute-tabacco. Di faccende domestiche. Da quanto tempo non mi divertivo come una volta. Quando facevo finta non m'importasse di nulla. Solo la morte. E poi cosa aspetti. Di diventare una donna elicottero? Hai già trent'anni. E poi cosa aspetti. Che lui ti cerchi. Il ragazzino. Non hai già sofferto abbastanza? Come ha detto la suocera via in marcia! Ho preso l'auto già sbronza. M'ero messa un abito lucido tutto aderente. Due spacchi a scoprirmi le cosce. Tacchi degni della vertigine. Trucco pesante. Maestoso. In eccesso. Vedevo in modo distorto per colpa dell'alcol. Nel passare il rossetto non avevo rispettato i contorni. Va bene lo stesso. Per finire m'ero infilata questa parrucca rossiccia. Sembravo una troia da rivista. Ho sgommato partendo. Ero un demonio. Il vento mi sollevava i capelli. Rischiavo di perdere la chioma posticcia. Azionavo i tergicristallo per sbaglio. Le quattro frecce. Filavo ai 140. Una furia. Musica sparata. A tutta birra. Mi caricavo gridando vai e spacca tutto! Dài puttana da due soldi!! Dài baldracca!! Ho frenato sopra la ghiaia di colpo arrivando. Eseguito un mezzo testacoda da rally. Sono scesa sbattendo la portiera alla moda camionista. Porca vigliacca che classe. Gli uomini li avevo già alle calcagna mentre m'apprestavo a varcare l'ingresso. Da tanto ero fica non m'hanno neppure fatto pagare il biglietto. Sbattevo il culetto. Stringevo con le mani le tette. Perdevo il già perso ritegno. Sono andata nel cesso a ritoccarmi l'immagine. Mi desideravo a prova di lente. Le altre donne mi studiavano con astio. Io la concorrente. Ve li frego tutti brutte racchie. Matteo non sai cosa ti perdi. Guarda come te li eccito questi bei maschietti. Godevo esibendo me stessa. Volevo strafarmi. Mi sono piazzata al bar sullo sgabello. Gambe scoperte. Coscia lunga a portata degli occhi. Quante erezioni provocavo curvandomi! Accentuando la linea dal sedere alle spalle. Mi sarei penetrata da sola con un manganello. Sono perfetta. Quanta libidine. Roba che quel ragazzino strisciasse implorandomi. Povero stupido. Peggio per te. Piscerai ancora a letto. Il barista un sudamericano col pizzetto a ventaglio mi sbirciava le cosce servendomi. Ammazza che gambe. Guarda da un'altra parte imbecille. Facevo la stronza. Quella che non la dà nemmeno morta. L'avrei data anche ai porci. M'ha preso il mento. Ha detto si vede lontano un miglio che hai voglia di cazzi. Avevo voglia di prenderli. Molti. Lo stesso. Sporcarmi. Volevo presentarmi schifosa al rientro. Convincerlo che era meglio scacciarmi. Farlo andare su tutte le furie puzzando di sperma. D'alcol. Scatenargli il disprezzo. Mi sono diretta verso la pista. Tracannato il bicchiere di vodka. Come sapevo fare benissimo. La mia vita una buona palestra per un'aspirante alcolista. Ho sempre bevuto di tutto. Ho iniziato prestissimo. A nove anni.

A dieci mi sono sbronzata di brutto. Prima d'andare alla messa. M'ero scolata l'inverosimile. Dovevo fare il chierichetto quella domenica. Ci teneva la zia che provassi quest'esperienza. Vai Angelica così il Signore te ne sarà grato per sempre. Sono uscita di casa con la borsetta. Pesava. Era imbottita di mignon a gradazione altissima. Le beveva la romena per distrarsi. Le tracannavo incamminandomi verso la parrocchia attenta che nessuno mi vedesse. Il prete m'ha sistemato in sacrestia per prepararmi a quell'evento. Ero ubriaca ma cercavo di mantenermi coi piedi per terra. C'erano frigoriferi spenti attorno al perimetro. Contenevano quei santini che vengono messi nei cestini per far soldi. M'ha fatto indossare una palandrana troppo lunga un altro chierichetto. Era un sedicenne magro come un grissino. Se la tirava. Sapeva destreggiarsi nel sacro quasi fosse in un campetto di calcio. Un professionista. Tirava fuori i santini dai frigoriferi con boria. Spolverava le madonnine di gesso dandosi una certa importanza. M'istruiva sull'ingresso masticando la cicca. Dovevo stare immobile sul lato destro del cerimoniere per impratichirmi. M'avrebbe fatto un cenno con la mano quando mi toccava la lettura. Tutte le volte che girava il culo buttavo giù un sorso. Vedevo doppio. Benissimo. Solo me stessa in mezzo all'incenso. La musica dell'organo liturgico risvegliava il mio lirismo. M'attaccavo con più foga alla bottiglia. Tossivo a ogni sorso. Sputavo a terra. Al quinto mignon sono stata scagliata nel bel mezzo della messa. Il prete in verticale sull'altare. Girolamo. Padre Girolamo. Un capo indiano in sciarpa viola e merletti. Le candele infuocate tutte in fila. Le madonne incoronate. Mancava la bara ed era perfetto. Dondolavo in preda alla nausea. Rimanere eretta mi risultava difficile. Cercavo di guardare fisso in un punto per non perdere l'equilibrio. Davanti la folla. In certi momenti mi pareva minacciosa. In altri benevola e in ammirazione dell'angelo. Un angelo sbronzo mancante del trucco. Ormai ero abituata al rossetto e non averlo mi provocava imbarazzo. Quasi mi mancasse qualche lineamento. Per colpa della romena non l'avevo sulle labbra. Non vorrai mica sembrare una disadattata senza la famiglia? Controllavo con la coda dell'occhio il professionista. Il suo cenno. A metà messa ha alzato il braccio. Arresto cardiaco. Quello era il segno. Dovevo inserirmi in una sorta di tavolino rovesciato. Avvicinarmi al vangelo. Al microfono. La mia pagina era contrassegnata da un triangolo rosso. Sembrava uno di quei terrazzini che vedevo nei film polizieschi. In quei film catturavano dei delinquenti. Li mettevano lì per fargli dire giuro di dire la verità solo la verità nient'altro che la verità. Sono entrata barcollando. Brandito il microfono. La rockstar delinquente. M'avevano preso. C'era stato l'inseguimento. La cattura. Gli arresti. Stavo in quel silenzio fortissimo. Un silenzio acrobatico. Ciò che dovevo leggere era scritto troppo in piccolo. L'alcol m'aveva appannato le pupille. Guardavano ansiosi e ritti in tutte le file i fedeli. Un gregge. Che brava gente. Rispettosa. Lavoratrice. Senza colpa. Dedita al culto. Sodomiti. Mi fissavano con costanza. In supplica. M'aspettavano. Diventavo l'oracolo. La bambina meravigliosa. Il miracolo vivente. Mi sentivo il fuoco addosso. Sotto poderose luci di ribalta. Centro dell'universo. In manette. Ho sussurrato al microfono giuro di dire la verità solo la verità nient'altro che la verità. C'è stato un iniziale sgomento. Lo sentivo ronzare di fronte. Poi il mormorio dilagante. Quel brusio rumoroso a mezz'aria. Non s'alzava. Rimaneva basso. Soffocato dalla severità dell'ambiente. M'è venuto a ritirare il professionista. M'ha trascinato in una stanza. Dovevo restare ferma in sacrestia. Mangiarmi le unghie. Aspettare finisse. Il prete è arrivato tutto contratto. Furioso. Un toro davanti al suo drappo. M'ha dato un ceffone tirandomi contro i frigoriferi spenti. M'è sceso del sangue dal naso. Che stronzo. Avrei vomitato nel parco. Ero ancora una dilettante come pseudo etilista. Mica come a trent'anni in quel disco pub da rimorchio. Potevo farmi fuori dei litri senza subirne le conseguenze. Mi sbattevo in pista in mezzo alle altre. Donnette invidiose che mi guardavano storto. Non potevano certo competere. Con me. Il bocconcino. La novità. La più richiesta. Mi lampeggiava tra le gambe la pista. Muovevo lenta tutto ciò che avevo in possesso. Un po' a destra. Un po' a sinistra. Ancheggia. Sbatti la testa. Stai attenta non ti crolli la parrucca. Dimenati ancora. Ecco così. Perfetta. Spingi in fuori le tette. Sensuale ti voglio. Sei la migliore. La principessa. Posavo le mani sui fianchi di un maschio ansimando. Salivo e scendevo. Su e giù. All'incontrario. Sii svelta. Simula una copulazione fittizia. Brava dài ci riesci. Smettila di controllarti. Cerca d'essere ingenua. Da stupro. Rotea il

ventre. Li facevo impazzire impegnandomi. Mostravo
la lingua. Dài prendila. Così sei magnifica. Mi deliziava
essere pensata una succhiacazzi. M'offrivano vodka.
Dicevo bevo solo quella. Come correvano a prenderla.
Servili. Gentili. Arrapati anche nei denti. Mi facevo portare nei cessi. Tiravo cocaina sui coperchi dei water inclinando la testa. Ringraziavo facendomi palpare da
tutte le parti. Scappavo come una puledra a ballare
sconvolta. Piacevo. Insistevo. Angelica non ti fermare.
Sei la più giusta. Dimena le curve. Non sprofondare.
Voglio vederti mentre ti distruggi. Riduci in poltiglia. A
fuoco lento cucinati. Devi arrivare da Gianmaria ridotta a un niente. Un altro ballo. Nuovo giro. Altra corsa.
Altra vodka. Sculetta. Le femmine mi detestavano. Davo spettacolo. Al centro. L'attrazione del momento. La
star del disco pub da rimorchio. La ballerina dentro il
film porno. Un tipo m'ha stretta. Premeva l'uccello contro le chiappe. Su prendilo tutto. Ribaltati. Sei una decappottabile. Se alzi la gonna diventi diversa. Sono
uscita con lui a braccetto. Nella testa girandole. Non
avevo nessuno lì dentro. Solo rotelle che ruotavano
isteriche. M'ha spinto nella sua macchina. Ho perso nel
lancio una scarpa. La parrucca m'è scesa sugli occhi.
Non vedevo più un cazzo. Lo sentivo soltanto. Il suo
che m'entrava nel culo duro come la plastica. Poi ho
spostato la testa. Tolto la parrucca. Qualcuno mi leccava una guancia. C'era un levriero di dietro. Un piccolo
cane con la testa d'anguilla. I suoi occhi. Mi fottono
sempre quegli arnesi da vista. Anche quelli dei cani.
Anche quelli felici. Anche in quelli felici c'è sempre tan-
tissima angoscia. M'è salita da dentro. Un rigurgito
d'ansia omicida. Lui mi cavalcava dando colpi alle
chiappe. Vai bella cavalla ti tiro le briglie. Tiravo le
orecchie al levriero quando m'ha sporcato la schiena di
sperma. S'è buttato sfinito contro lo schienale dicendo

sei fantastica bella cavalla vorrei rivederti. Si tirava su i pantaloni gonfiando le guance. Proprio una bella scopata non posso lamentarmi di certo. Non voglio rientri. Sei solo mia d'ora in avanti. Senz'altro. Non gli ho risposto. Sono scesa a cercare la scarpa. M'ha tirato dietro la mia parrucca. Come te ne trovo mille troietta! Non sapevo se piangere o ridere. Speravo solo d'essere presa a botte. Rinchiusa in una clinica psichiatrica.

Senza una scarpa. Percorrevo scalini ondeggiando come una gondola. Vedrai che macello! Si scatenerà una lite rumorosa più di cento martelli pneumatici. Già me lo vedevo Gianmaria. Sveglio. In poltrona. La pipa in bocca. Due occhi da matto. Il disprezzo. L'avrebbe spruzzato a profusione intossicandomi. Peggio di una bomboletta di ddt con la ricarica. Potevano passare le mie stravaganze. I panettoni distrutti. Qualche piccolo abuso etilico tra le pareti domestiche. Ma questa no. Questa era grossa! Si sarebbe alzato di colpo afferrandomi le spalle. Le avrebbe strette forte. Poi un verbale attacco. Guardami negli occhi. L'avrei guardato. Bello dritto. Detto dimmi quando basta. Uno sfottimento in piena regola cercando le sue sberle. Che fossero abbondanti. Mi togliessero lo sporco. Ero pronta. Avrei detto non ti merito. Me ne vado. Faccio le valigie. Parto adesso. Ho scopato con un altro. Hai ragione se mi picchi. Se mi butti nella notte. Sono solo una disgrazia. Una puttana. Un'alcolista. Una moglie da lasciare nella merda. Prendimi a cazzotti. Sono entrata con l'impostazione giusta. Prendimi a cazzotti. Quella strafottente. Prendimi a cazzotti. Il trucco sfatto. Prendimi a cazzotti. Rossetto a colorarmi il mento. Prendimi a cazzotti. La sbornia troneggiante sulla faccia. Prendimi a cazzotti. Le gambe aperte per la sodomizzazione estemporanea. Prendimi a cazzotti. C'era la luce spenta. Nessuno ad aspettarmi. Neppure la mia scimmia. Il rumore di una goccia. Le serrande abbassate. Gianmaria addormentato nella camera da letto. Mi sono avvicinata per verificare che davvero lo fosse. Respirava con la faccia dentro al sonno. Forse preferiva rimuovermi. Forse non ero degna di tanto. Mi relegava nell'invisibile come aveva iniziato a fare da giorni. Sono andata in cucina in cerca di qualcos'altro d'etilico. Non mi pareva possibile se ne fregasse. Come poteva rimanere tranquillo. Come poteva dormire senza cercarmi. E se ero stata rapita? Se m'ero persa? Se me l'ero svignata? Se lo tradivo con un passante? Dormiva. Quasi fossi un'estranea. Non la sua moglie. Una donna qualunque. Non c'era più il vino. La vodka. Un amaro. Una grappa. Più niente. Ho preso l'aceto di mele bevendolo tutto. Magari morivo. Ecco cosa dovevo fare. Farmi fuori. Sarei salita nel cielo lo stesso. L'avrei inculato comunque. Mi sono bevuta anche un sorso di detersivo per la lavastoviglie. Era viscido. Denso. Poi un altro. Scivolava sulla lingua schiumando. L'aveva fatto anche la zia con la sclerosi multipla come ripicca. S'era bevuta l'ammorbidente.

In quel periodo giravo sempre con la Mariella. Ci facevamo le canne alle feste. Eravamo cresciute. Non ci chiudevamo più nell'appartamentino indipendente. Sbocchinavamo i ragazzi sopra i divanetti. Ce l'aveva insegnato sua sorella. Eravamo bravissime. A tredici anni sapevamo succhiarlo a regola d'arte. Poi ci annusavamo le bocche. Dicevamo che farli ci gonfiava le labbra. Eravamo più belle. Un pomeriggio sono tornata a casa e c'era il delirio. La zia beveva l'ammorbidente. Lo beveva per farla pagare a quell'inserviente. Non sopportava tardasse per colpa del caffè espresso. Aveva preso l'abitudine quella serva di fermarsi al bar di sotto. Beveva l'espresso con il cioccolatino in omaggio. Faceva le chiacchiere. La zia era gelosa si divagasse mentre lei stava sulle rotelle. Là dentro. Da sola. Le urlava con il flacone puntato alla bocca. Le diceva se vai ancora al bar di sotto a bere quell'espresso io m'ammazzo. Quando s'è calmata voleva andare all'ospedale. Farsi fare la lavanda gastrica. Io non sarei andata a farmi fare la lavanda gastrica. Trangugiavo il detersivo pensando. Pensavo adesso vado di là e batto le mani. Lo sveglio. Prima del decesso mi deve vedere ridotta a una larva. Mi sono diretta in camera. Dovevo andare in bagno dal mal di pancia. Ho resistito posticipando una diarrea fulminante. Ero dritta. Ai piedi di quel giaciglio. Provavo a farlo. Battevo prima i palmi. Poi tutto. Un applauso. Lui niente. Restava sotto il lenzuolo. Una mummia. Certo che mi sentiva. Fingeva. Si stringeva ancora di più contro il letto. Codardo. Avevo le fitte. Lo stomaco pieno di pugni. Sono corsa sul water centellinando un dentifricio alla menta. Souvenir mi aveva portato via le mutande. Tenevo fra le labbra il tubetto. Succhiavo la pasta biancastra. Avrei inghiottito anche il filo interdentale per impiccarmi la gola. La saponetta. Il bagnoschiuma al mughetto. La pietra pomice. Ho sorseggiato il detergente per l'igiene intima prima di mettermi a letto. Quando mi sono buttata sulle coperte s'è mosso un momento. Un istante. Poi basta. Avrei dormito col trucco. Vestita. Lui non ci sarebbe stato al risveglio. Mi sarei seduta sopra una seggiola. Coi postumi. Tracce di sapone sopra la lingua. La nausea. I capelli arruffati. Dei lividi. Tremando. Una foglia in autunno. Accendendo in modo meccanico le sigarette. Cosa pensavo è difficile dirlo. Ero in mezzo alla nebbia. Sconvolta. Col marchio. Avevo fatto un incubo orribile come contorno. Dal cortile salivano voci d'adolescenti. Rincorse. Un sonoro sgradevole. Laggiù c'era la vita. Il respiro. Dei battiti. Lassù c'ero io. Sporca. Con in braccio una scimmia.

Facevo rumore spostandomi. Dovevo farlo con calma. Appoggiare i piedi per terra quasi fossero rotti. Avevo sognato Matteo. M'estraeva panettoni dal ventre. Usciva con loro dicendo anche io devo andarmene. Mi leccava per tranquillizzarmi le orecchie. Lingua calda e pesante. Tortura bellissima. Gliela strappavo perché non se n'andasse. Mi sanguinava sul viso. Mestruazione da bocca. Un'emorragia esterna. Ho telefonato a Veronica-culo-da-favola. Cercavo Mariella. Una spalla. Avevo lo stucco attaccato ai capelli. Le ho detto per favore questo pomeriggio vediamoci. Sono a pezzi amica carissima. Ho abortito nel sonno. Ho perso il bambino capisci. Si scagliava il sole contro l'asfalto. Luce feroce a svuotarmi. Non bastavano lenti scurissime a chiudere il tappo. Fuoriuscivano i sogni. Se la davano a gambe. Guidavo controvento. Controtutto. Verso un buco tra la paglia. Una piccola speranza dove entrare a rincuorarmi. Ero uscita senza lavarmi. Con il trucco a impiastricciarmi la faccia. L'abito lucido. M'ero solo infilata le scarpe. Viaggiavo. Una cartina appoggiata sul volante. Era riuscita poi a convincerlo. Ave Maria piena di grazia. Non so come avesse fatto. La lasciava uscire allo scoperto. Mi terrorizzava l'emozione di riaverla nella vista. Avrei voluto rivedere la Mariella. La forza di reagire in mezzo agli urli. C'erano i ragazzini di una volta. Sputati dai ricordi. Gridavano sei una poveraccia con in mano cerbottane modernissime. Mi tiravano lo stucco nella testa. Siamo le più forti. Questo avremmo detto. Se ci fosse stata la Mariella sarei riuscita a ribellarmi. Ho guidato per chilometri. Lei abitava lontanissimo. Mi fermavo a riposarmi prendendo le aspirine per riprendermi. Ripartivo premendo il grilletto. Mi girava la testa. C'era un levriero a guardarmi. Una cavalla col suo fantino riversa sopra i sedili sporca di sperma. I coperchi del water rigati da polvere bianca. Quando sono uscita dall'autostrada ho perso le tracce. Sbagliavo le strade. Chiedevo ai passanti. Dov'è il buco tra la paglia? M'alternavo con l'angoscia. C'ero io nella spasmodica ricerca. C'era lei che mi consigliava di fermarmi. Studiavo la cartina nei dettagli. Leggevo il mio foglietto con le indicazioni giuste. Quelle che m'aveva dato la mia amica nell'armadio. Avanti. Dritto. Gira a destra. Poi a sinistra. Secondo semaforo. Terza via. Sesta casa col cancello alto. C'è dell'edera.

Ho parcheggiato dopo un'ora che cercavo di trovarlo. Il palazzo numero otto come un fungo di cemento. Una desolazione da voragine. Lo sgomento. Non so perché l'immaginavo abitare in una villetta. L'immaginavo in un luogo distinto. Dentro un armadio rococò con la chiave d'argento. Forse per quel suo uomo mafioso che credevo pieno di soldi. M'accorgevo delle differenze tra il sognato e il reale guardando oltre il cancello. Nel giardino i selvatici. Bambini scheletrici senza maglietta. Un coniglio di stoffa impiccato a una quercia. Si rincorrevano con dei bastoni di legno. Tre di loro col rossetto celeste. Altri due con la testa coperta da sacchetti di carta. La ricordavo bellissima. Su questo riflettevo quando s'è aperta la porta. Un rettangolo verde con sopra scritto SMETTETELA. N'è uscita una donna enorme ondeggiando. Pareva avesse un cacciavite pressato sul cranio. S'avvitava nell'aria avanzando. Una balena con la bocca appesa ai tiranti. Buonasera Veronica-cento-chili-per-gamba hanno gridato i bambini vedendola. Non dimenticherò mai quel momento. Io che non dimentico niente e lo vorrei tanto. Avrei acceso il motore. Uno slancio. Sollevato la polvere. L'avrei lasciata al cancello. I piedi pesanti conficcati dentro la terra. Tre lacrime. Chiudere gli occhi. Fai finta di niente. Resisti.

Quello che vedi. Lo stai inventando. Se togli gli occhiali cambierà tutto. Colpa di queste lenti. Ingrandiscono. Un moscerino ti sembrerà un pullman. Basta quel gesto. Levali adesso. Guarda ancora una volta. Tornerà a essere la solita Veronica-culo-da-favola. Quella tua amica che facevi sorridere incollandoti gli occhi alle guance. Sono scesa dall'auto. Sono andata per stringerla. Non riuscivo ad avvicinarmi alla faccia abbracciandola. Aveva gli air bag sul petto. Una pancia a più strati che t'allontanava la testa. Faticavo a raggiungerla. Ci divideva la carne. Dio cristo che male vederla ridotta a una palla di lardo. Dio cristo che rabbia. Signore ti nomino sempre. Non punirmi anche per questo. Lo sai non sono cattiva. A volte ti parlo. Quando sono sdraiata sul letto. Ti guardo. So dove sei. Al centro. Incollato al soffitto. L'ho aiutata a salire. Infilavo un sacco di paglia dentro la macchina. Non l'avevo trovato quel buco alla fine. Tu cerchi speranza da chi ne ha bisogno. Ingrana la marcia. Prova a parlarle. Siamo rimaste in silenzio. Lei lo sapeva che m'ero sconvolta. Sembravamo due estranee. Maledivo quella volta. Quella volta che m'era venuta in mente. Rivederla. Una sorta d'imbarazzo. Un imbarazzo scoraggiante. Prova a pensare che sia un'autostoppista. L'hai raccolta. Di lei sai poco. Non sai niente. Falle domande. Rompi il ghiaccio. Sii cortese. Un po' socievole. Evitavo di guardarla. Dovevo girarmi molto per trovarla. Avevo dovuto spingerle il sedile fino in fondo. Quando ci riuscivo mi veniva il torcicollo. Lo spavento. La vedevo lievitare dentro a un secchio. Un impasto con chilometri di lievito. Le si era modificato pure il volto. Pareva gonfiato con la pompa. Faticavo a mettere le marce. Mi s'incastrava la mano alla sua coscia. Era gigantesca. Non grassa solamente. Mi chiedevo quanto era grande quell'armadio a contenerla. L'ho guardata ancora per cercare ispirazione per l'inizio di un contatto. Lei m'ha sorriso con potenza. Quando sorrideva diventava un'arma piena di proiettili. Perché la dolcezza se è pura è come un crimine. E se lo è davvero lei era un killer e io una razzista. Ho fermato l'auto e poi l'ho stretta. Cercavo l'emozione ma ciò che provavo aveva retrogusti un po' sintetici. Ero sul palco. Ancora una volta lo spettacolo. La trentesima replica di una scena che detesti. Ne hai le palle piene. Speri solo cali presto quel sipario per fumarti in santa pace sigarette. Te ne freghi dell'applauso. Nauseata dalla recita. Vuoi le luci che si spengono. Quella tenda a separarti dal tuo pubblico. Te ne sbatti di raccogliere i consensi. Vuoi solo smettere di fingere. Abbracciandola tentavo di trovare la Mariella. La mia complice. L'amica con cui buttavo pesci in faccia alla tristezza. Come ci piaceva indossare minigonne fregandocene dei commenti. Molto ombretto. Il reggiseno imbottito con la carta per avere tette grosse. In seconda media eravamo le più sveglie. I diari pieni di sconcezze. Crescevamo con violenza. I tacchi alti. Ce li regalava sua sorella certi sandali da donna. Facevamo sbavare i ragazzi della terza. Quelli che parlavano con voce contraffatta. Quando arrivavamo a scuola le ragazze si giravano dall'altra parte. Loro invece s'esaltavano. Facevano a botte per mostrarci la potenza. Ci aspettavano durante la ricreazione fuori dalla classe. Non li degnavamo di uno sguardo. Eravamo irraggiungibili. Leggevamo i giornalini pornografici. Biancaneve e i sette cazzi. Ci piacevano i maschi maggiorenni. Quelli che spompinavamo nelle feste. Gli altri ci sembravano tutti troppo piccoli. Noi avevamo già vissuto cento anni. In poco tempo era nostra la consapevolezza che con tette culo e fica potevamo conquistare l'universo. Quasi tutto. Tutto a parte le altre femmine. Non vedevo l'ora d'avere le mestruazioni. Molto seno. Il pelo sulla passerina. Fare sesso. La romena mi faceva delle prediche sull'imene intatto. Mi sentivo importantissima. Avevo una gran voglia di picchiare. Spaccare la faccia all'impotenza. Alla mia sorte. Me ne stavo a gambe aperte. S'arrabbiava la zia con la sclerosi multipla. Le allargavo il doppio ribellandomi. Giocavamo con le barbie nella camera da letto della sorella prostituta. Le spogliavamo tutte e poi scopavano con Ken come le matte. Andavamo in bicicletta senza freni. Prendevamo la rincorsa. Giù veloci fino alla statale svoltando all'ultimo momento. Per il brivido. La sfida. Il sentirsi invulnerabili. Più forti della furia del contesto. Al luna park salivamo sulle giostre del terrore per gridare vaffanculo siamo forti. Una volta abbiamo preso il taxi. Con le borsette. Il lucidalabbra. Facevamo le signore che decidono d'andarsene. Suo padre la prendeva spesso a sberle. Le diceva che sembrava sifilitica. Io non ne potevo più di quella gabbia senza niente. Ci siamo fatte il giro della città masticando gomme a bocca aperta. Chiedevamo al taxista d'accelerare. D'andare più forte. Non ci sarebbe dispiaciuto si verificasse un incidente catastrofico. Le eroine con la faccia sopra i poster. Non ci sarebbe dispiaciuto allontanarci. Io e Veronica. Le martiri con la faccia sofferente. Toglierci l'impaccio. Correre ai lati opposti senza mai girarci. Non le aveva più le favole. Anche dal culo s'erano tolte. Soffocate dal grasso. L'avevo al fianco quel suo corpo abbondante. Irriconoscibile. Una proboscide immensa. Soffiaci dentro. Deflagrazione. La vedrai uscire dai resti di quella ciccia. Mi sono guardata allo specchietto. Mi vedevo col viso sfatto. Imbrattato dai residui del trucco. Tentavo di trovare qualcosa che assomigliasse a un sentimento. Rimanevo impassibile. Col desiderio. Uno solo. Riportarla dov'era. Andarmene veloce più di un proiettile. Estrarla dalla memoria. Lasciare solo le tracce di ciò che era stata. Quando ancora era viva. Quando era Veronica-culo-da-favola.

Ciò che poi è successo. La ruota panoramica. Sulla destra. Saliva. Saliva nell'azzurro. Noi sui sedili della macchina. Cinture di sicurezza in diagonale sopra il petto. Non le avevamo tolte. Le ho detto che m'andava di salirci. La vedevo che girava lentamente. Molto calma. Il nostro opposto. Correvamo stando ferme. Con la testa. Nessuna delle due gradiva quel momento. Un altro spazio. Salutarci e poi dividerci. Non cercarci più al telefono. Poi nient'altro. Ci siamo sistemate sulla giostra. Avevo paura si sganciasse. Che crollasse. Per il peso. La sua carne. Delle madri con i figli passeggiavano sotto. Dello zucchero filato. Degli zingari. L'immondizia della gente di passaggio. Sembrava un'installazione artistica di carta. Quelle che svaniscono se soffi. Io l'ho fatto. Già sapevo che ne avrei pagato il prezzo. Le ho detto che l'aborto era tutta una menzogna. Che non avevo mai aspettato nulla. Che detestavo quel marito deficiente. Che provavo disgusto nel vederla così grassa. Rabbia per ciò che s'era fatta. Che m'ero innamorata di un adolescente. Che non ci saremmo più riviste. Perché ti sei ridotta una schifezza? Devi dirmelo. Perché ti sei arresa così tanto. Parlavo con la testa bassa. Le sparavo nella fronte. Senza tatto. Senza censura. Senza paura. Le dicevo che non la sopportavo così enorme. Sconfitta. Che avevo sempre creduto un giorno si ribellasse. Al suo uomo. Alla segregazione. All'inerzia. Corresse. Corresse come aveva fatto quella volta alla fabbrica. Quando avevamo fatto la gara su chi arrivava prima alla pensioncina-scarafaggio. Filavi come il vento. Con la gonna corta. Le tue gambe. Eri bellissima. M'accanivo così tanto perché in lei vedevo la disfatta. Chi ero io per giudicarla. Cosa avevo fatto per meritarmi d'emanare le sentenze.

M'ha fissato. Poi la raffica. Anche io ti odio Angelica. Già dai tempi della fabbrica. Ho sempre pensato che eri pazza. Una puttana da due soldi. Quando te ne sei andata ero contenta. Ti toglievi dalle palle. Dici di detestare tuo marito ma non scappi. Più di me tu sei vigliacca. E poi rimproveri. Dici che provi disgusto. Io lo provo per te. Lo provo il doppio. Guarda come sei ridotta. Guardati la faccia. Sembri una marchetta. T'innamori di un ragazzino come fanno i maschi quando invecchiano. Corri dietro all'eterna giovinezza. Incolli la tua vita ai tuoi ricordi. Non vuoi mai perdere. Abbiamo perso. Non vali niente. Poi nient'altro. Un vetro rotto. La verità che paralizza. Cos'è vero. Cos'è falso. Di cosa è fatta l'amicizia. Sono scesa. Lei è rimasta. Stavo sotto. Col vestito lucido. I lividi sulle ginocchia. Il rossetto che mi prudeva sopra il mento. Su una panchina rimanevo a osservarla. Lei l'autostoppista. Una che raccogli. Che non sai da dove venga. Che ci viaggi. Che poi perdi. Non l'ho odiata neppure in quegli istanti. Forse lei l'ha fatto veramente. Un cane si è seduto contro le mie gambe. Il vento sollevava dei sacchetti. La vedevo dondolare. Tutta sola. Lassù in alto. Già distante. Poi nient'altro.

Battevo i pugni sul volante. Tentavo d'incazzarmi. Dovevo pur esserlo. Dovevo esserlo per forza. Ti rendi conto cosa ti è successo? Ti ha dato della puttana da due soldi porca vacca. Spacca tutto. Sei furiosa. Arrabbiatissima. Hai ogni ragione d'esserlo. Quella che pensavi essere la tua migliore amica t'odia da sempre. Da sempre capisci. Non da un mese. Un anno. Due al massimo. No. Da sempre. E te lo meriti? Prova a pensare se lo meriti. Te lo meriti? Dài dillo. E poi cosa ti ha detto anche? Ah sì che era addirittura contenta quando te ne sei andata. E perché lo era? Perché ti toglievi dalle palle. Ovvio. Torna tutto. Perfetto non credi? E se ti ricordi

bene ha pure aggiunto che ti ha sempre pensato pazza!
Roba da matti. Per non parlare di tutta quella storia dei
ricordi e dei maschi quando invecchiano! Povera deficiente. Sarà già nell'armadio a calunniarmi. Mi sembra
di sentirla spettegolare coi suoi abiti. Quante ne starà
dicendo! E perché ti ha buttato addosso tutto questo
schifo? Solo perché sei stata sincera dicendole che è
grassa. Lo hai fatto per il suo bene. Solo per quello. Per
farle capire che sarebbe utile seguisse una dieta. Perché
altro. Sii corretta. Non le hai solo detto che era grassa.
Le hai detto che ti disgustava. Ti disgustava. È poi così
grave? Dimmi è poi così terribile? Io che le ho sempre
dato tutto! Io che per lasciarla ho sofferto così tanto! Io
che ero così felice di vederla! Codarda. Bugiarda. Falsa.
Cerchi di crogiolarti nel dolore. Non te ne fotteva poi
tanto. Dilla questa verità benedetta! Chissenefrega del-
l'amicizia! Dell'amore! Chissenefrega di Matteo! Sono
scoppiata a ridere. Matteo che nome stupido! Ridicolo!
Pronunciavo a voce alta quel nome soffocandomi dalle
risate. Matteo. Mamma mia che ridere. Ah! Ah! Ah! Ah!
Veronica-cento-chili-per-gamba!!! E giù a ridere. Delle
risate grasse. Possenti. Pronunciavo il nome di Gianmaria e scoppiavo a ridere senza controllo. Sono finita
contromano tanto mi sbellicavo dalle risate. Se qualcuno mi sorpassava suonando lo mandavo a quel paese.
Gli mostravo il dito ridendo. Gli facevo le linguacce.
Ficcatelo in quel posto! Oddio che ridere! Quanto trovavo tutto esilarante! Incredibile! Comico! Buffo! Pensavo alla suocera e mi sganasciavo. Alla mia rincorsa
coi pattini e mi scendevano le lacrime dallo sforzo. Ah!
Ah! Ah! Dio cristo quanto sono scimunita! Sbandavo
tentando di controllarmi. Darmi una regolata. Sortivo
l'effetto contrario. Mi s'amplificava l'isterismo. Ah! Ah!
Ah! Oddio non ce la faccio più!!! Chiamate l'ambulanza!! Vedevo tutti. In fila. Una carta da parati decorata

con quei pupazzetti. Vedevo Veronica-cento-chili-per-gamba chiusa nell'armadio con la bocca piena di pop-corn. Gianmaria con la Bibbia. La scimmia con una banana su per il culo. Matteo con quella stupida palla. La suocera con il pollo a braccetto. La vecchia col braccio meccanico nel suo letto elettronico. La zia nella fossa a rotelle. L'avversario con i panettoni agganciati al suo cazzo. Mi piegavo dal ridere provando a tener dritta la macchina. A tener stretta la pancia. Mi stavo pisciando addosso. Non avevo mai riso così tanto. Ridevo più di quei mocciosi. Più dei polli. Sommando tutte le risate fatte e ricevute durante la mia vita non arrivavo a così tanto. Nemmeno per Jacopo-l'abat-jour m'ero prodigata in tal modo nel produrre risate a crepapelle. Perché era successo ridessi di lui dopo averlo per anni ritenuto indispensabile presenza nella mia ristretta cerchia d'affetti. Era accaduto una notte. Tornavo dopo una scorribanda divenuta abitudine in quel periodo. Ero una quattordicenne scellerata. Quella notte io e la Mariella eravamo riuscite a farci sverginare dal prescelto. Il prescelto aveva diciotto anni. La Maserati. Gli stivaletti con la punta di metallo. Suo padre delinquente in smoking puzzava di profumo dolciastro. Aveva in casa un tavolo verde con le carte. Le bottigliette di Campari sopra i mobili. Le foto di bionde col tanga. La Maserati con lo stereo. Il prescelto gliela rubava di nascosto per venirci a prendere al parcheggio. Noi stavamo in mezzo ai camion ad aspettarlo. Truccatissime. Fumavamo sigarette. Io stavo davanti a testa alta. Alzavo il volume della musica. Mi ritoccavo il rimmel allo specchietto. Adoravamo andare in autostrada correndo come pazzi. Inventavamo che ci stavano inseguendo i poliziotti. Avevamo rapinato delle banche. Mariella gli sparava con il mitra. Io lanciavo delle bombe. Sporgevo la testa dal finestrino e le buttavo coi capelli che mi cadevano sugli occhi. Le tiravo di continuo. Contro tutto. Contro la schifezza di quell'adolescenza dura e squallida. Nel parcheggio dell'autogrill facevamo i testa coda sollevando molta polvere. Una notte abbiamo deciso che era l'uomo giusto a sverginarci. Avevamo scelto lui perché aveva l'esperienza. Perché ci affascinava ed era maggiorenne. Perché s'era scopato la professoressa d'educazione fisica. Quella donna ci sembrava un punto di riferimento. Con lo spacco nelle gonne e tre chili di mascara circuiva tutti i maschi. I genitori degli alunni soprattutto. Non era come le altre che insegnavano. Coi peli sulle labbra e la puzza nella bocca. La frustrazione dell'essere donne e la tristezza. Lei stava a gambe accavallate sulla cattedra. Era sicura di sé. Una vera femmina. E noi aspiravamo a diventarlo. Diventare l'opposto degli esempi che avevamo nelle nostre discutibili famiglie. Diversa da sua madre tutta curva e serva. Diversa dalla zia che non l'aveva usata neppure mezza volta. Diversa dalla romena che per far sesso doveva masturbarsi. Prima l'ha fatto la Mariella. Poi è toccato a me sfilarmi le mutande. C'eravamo fatte delle canne per stordirci. Comunque ci terrorizzava quel momento. Nessuna delle due ne era rimasta soddisfatta. Provavo dello smarrimento nonostante anch'io fingessi che tutto era entusiasmante. Al rientro avevo cercato in Jacopo il conforto. L'avevo stretto ritrovandomi contro quella lampada metallica. Mi rendevo conto del ridicolo e ho riso buttandomi sul letto. All'inizio soffocando le risate poi lasciando che esplodessero. S'era svegliata la romena per rimproverarmi. Faticavo a controllarmi. La vedevo quella lampada che per tanto tempo mi era servita a illuminarmi. Lei che baciavo e stringevo con quell'impeto. Come era riuscita a darmi tanto! Che buffonata astronomica! Che delirio di risate nel guardarla! Eppure era un nulla paragonato al mio ritorno in macchina. Esplodevo tra fragorose risate fragranti. Le sfornavo come pagnottine ai semi di sesamo. E pensavo. Certo che pensavo. Com'è possibile non farlo. Io la pensierosa pensavo. Pensavo che se mi fossi imbattuta in Matteo quel ragazzetto dal nome tanto ridicolo mi sarei comportata così. Gli avrei fatto un buffetto sopra le guance a quello scolaretto. Un buffetto grazioso. E gli avrei detto guarda guarda che bel giovanotto!!! Ma lo sai che diventerai proprio un bell'ometto? Cosa farai da grande? Il pompiere? Lo avrei trattato com'era giusto trattarlo. Dall'alto in basso. Con quella distanza sfottente. Lui il microbo. Io la gran donna inarrivabile. Cosa vuoi me ne importasse di un simile insignificante adolescente segaiolo. Perché sicuramente se le faceva delle gran seghe nel cesso annusando le mutandine di sua madre. Oddio che ridere! Quale isteria ridanciana!

Erano risate con l'influenza. Malaticce. Col termometro. Saliva la temperatura arrossandomi. Sorgevano dubbi su altro. Sull'abbandono del tetto coniugale. Con Gianmaria come mi sarei comportata? Perché c'era anche lui d'affrontare in programma. Ma certo. Quella sera stessa gli avrei parlato. Affranta. Sottomessa dall'evidenza del mio fallimento come moglie. Frustrata dall'impossibilità di migliorare e renderlo fiero di me. Mi sarei buttata ai suoi piedi piangendo. Avrei spalmato del mentolo sulle guance per provocarmi le lacrime. Gianmaria perdonami! Non sono degna! Tu sei un marito fantastico! Un uomo formidabile! Un amante eccellente! E io non ti merito! Non ti merito per niente! Scusami! Perdonami! Non posso continuare a farti soffrire così! Non lo sopporto! Me ne vado! Sì me ne vado! Troverai una donna all'altezza di tanta meraviglia! Una che sappia adorarti come meriti! Voglio solo saperti felice! Mi sarei schiaffeggiata prostrandomi. Una scena madre con tutti i crismi. Quanto avrei pianto! Mi sarei infilata

della cipolla negli occhi pur di non fallire! Ah Ah Ah!!!
Quanto ridevo!!! Mi dolevano i muscoli facciali. Mi s'e-
rano bagnate d'urina le mutande. Cercavo di ritrovare
un contegno. Pensavo ai bambini che morivano di fame
in Africa per riuscirci. Non c'era bisogno. Avrei trovato
dell'altro a darmi sgomento.

Maledetti ragazzini. Ho parcheggiato l'auto nel garage. Maledetti ragazzini sempre all'aria aperta. Io rimango nella macchina. Lì davanti non ci passo. Segna-
vano le diciotto le lancette nel cruscotto. Sostavano
sotto il palazzo. Matteo con la ragazzina addosso. Ar-
mati fino ai denti. Accidenti ma non vanno a riposarsi
questi stronzi. Certo ora esco dal garage come niente
fosse. Con l'abito da sera. Il mascara sugli zigomi. Spettinata che sembro più che pazza. Li saluto. Buonasera a
tutti quanti. Sai che bello. Che figura. Che vergogna.
M'attaccheranno come l'altra volta. Già li sentivo gli indici. Sulla schiena. Sopra il petto. Cercavo di risistemar-
mi. Oddio che faccia. Nello specchietto la vedevo solo a
pezzi. La meraviglia capovolta. Questa è sfiga in piena
forma! Non bastava la mia amica tutta grassa. C'è l'ag-
giunta. Ma scusa non avevi detto quella cosa sul buffetto? Vai e faglielo. Sii superiore. La gran donna davanti
all'insignificante scolaretto. Era impossibile. Dal muret-
to se sporgevo un po' la testa riuscivo a intravederli.
Matteo con la lolita dalla coda di cavallo. Parlottavano
vicini. Si stringevano. Baciavano. Così innamorati. Tra-
boccanti d'attrazione fisica. Un'indecenza. Mi dovevo
decidere. Scivolare anche in ginocchio. Così ho fatto.
Erano lontani dall'ingresso. Potevo a quattro zampe
strisciare contro il muro. Tra quell'amoreggiare si sarebbero persi il mio passaggio. Dovevo solo sperare
nessuno uscisse dal palazzo. Fatti sotto. Lentamente come un cane sono uscita allo scoperto. Il caldo dell'estate

accoglieva il mio coraggio. Forza puttanella fatti avanti. Ginocchia sull'asfalto. Mandavo avanti prima le braccia. Poi le gambe. Il lato destro mi strisciava contro il muro. Io la serpe. Se si giravano era fatta. Ogni tanto li guardavo. Ero io tra le sue braccia. Pensa a questo e vai avanti. Pensa d'essere un passante. Uno qualsiasi. Uno con qualcosa di magnifico ad attenderlo. Uno di quelli che non pensano. Che non sanno proprio un cazzo. Che capiscono all'inverso. Che pensano sia giusto tutto quanto. Che riflettono sul prezzo. Che risparmiano per vivere più a lungo.

Continuavo a farmi forza proseguendo. Mi scorticavo le ginocchia nel tragitto. Fai con calma. Dai una spinta. Ancora poco e poi il traguardo. Il trasporto eccezionale. Mi sarebbero serviti i poliziotti in motocicletta a farmi spazio. Le bandierine sul cofano con sopra scritto DANGER. Come quelle che aveva l'uomo nero. Il venditore di collanine con cui se n'è andata la romena quando avevo diciotto anni. L'uomo nero dormiva in una specie di sottoscala. Nel grattacielo. Era negro. C'era una porticina piccola piccola dipinta di verde. Per entrare dovevi curvarti. Lui viveva lì dentro. In un bugigattolo senza finestre. Luce. Aria. Umido e stretto. Pieno d'odore di maschio. L'aveva detto la romena che c'era. Era andato a trovarla. Avevano fatto quattro salti sul letto. Così chiamava il far sesso. Da subito s'era intravista quella storia a lieto fine. Tutto quel tenero che scorreva come acqua dal rubinetto. Quella straniera aveva iniziato a curarsi anche le ascelle. Si comprava reggiseni francesi costosissimi. Mutande ridotte con i pizzi. Lui arrivava dal Marocco. Commerciava bigiotteria a basso costo. La zia aveva acquistato un pendente da mettere al collo con una pietra azzurra davanti. Non riusciva a tenere dritta la testa tanto era pesante. Possedeva un furgone con le bandierine sul tetto e le portiere di un altro colore. Ogni tanto ci andavano in giro dandosi arie. Quasi fosse una limousine quel catorcio. Era stato un colpo di fulmine. Una folgorazione istantanea come l'orzo solubile. La zia si preoccupava. Vedrai che ci lascia. Vedrai che lo sposa il negraccio. Io ero abbastanza contenta. Avrei tolto la tenda. La notte sgattaiolava coprendosi con il lenzuolo. Andava a fare l'amore. Quattro salti sul letto. S'era decolorata pure i capelli. Si truccava le ciglia. Metteva il profumo alla fica. Alle tette. Aveva buttato il proiettile che usava nel bagno. Via le riviste vietate ai diciotto. Era diventata romantica. In calore come una vacca. Le trovavo le mutande strappate durante le lotte di sesso. Il giorno in cui l'uomo nero se l'è portata via la zia ha pianto a dirotto. Un diluvio. Salutavano su quel furgoncino con le bandierine sul tetto. Pareva una nave che lascia il porto direzione l'America. Stavamo per strada a guardarli. Dopo anni la zia prendeva l'ascensore e vedeva il mondo. Aveva voluto gli occhiali da sole per ripararsi. Frignava. Pensavo che senza la romena sarei stata meglio. Invece l'opposto. Ho dovuto lasciare il negozio di souvenir per turisti. Accudirla. Farle fare ginnastica. Sarei rimasta per nove anni agli arresti. In letargo. A farmi gli amanti. Fumare le sigarette. Sbronzarmi da sola nella mia cameretta. La cosa strana è pensare che l'ho fatto per tutto quel tempo. Eppure avevo sempre ragionato che sarei scappata massimo verso i vent'anni. Invece sono restata. A vent'anni se n'è andata Mariella. Per colpa delle pulci. L'igiene. Per colpa del motel chiuso per indecenza. Anche lei credevo si ribellasse. Scegliesse di togliersi da quella famiglia. L'ho vista andar via dentro la Mercedes. Guidava suo padre. Gli avrei sparato in testa per farlo fermare. Un brutto colpo. Perdevo tutto. Rimanevo in quel posto. Consumavo il mio tempo. Fino a quel giorno. Poi il resto. La fabbrica. Altra miseria. Gianmaria l'ennesimo sbaglio.

Mancava pochissimo alla salvezza quando la vecchia col braccio meccanico s'è affacciata alla finestra. M'ha vista. L'avrebbe detto a tutti di me che strisciavo in ginocchio. Non m'importava. Me ne sarei andata. La notte stessa. Un colpo di testa. Di petto. Io un'anatra. Ho dato un'ultima occhiata ai fanciulli. Quanto si stringevano i bastardi. I due colombi. Due piccioni che tubavano. Due avvoltoi pronti ad assalire il piccolo coniglio. Mi si è conficcata una scheggia nel palmo. Un vetro acuminato nella carne. Sanguinavo con la fitta che mi provocava un dolore lancinante. Lasciavo tracce rosse. Poi il portone. Sono stata velocissima. Un marine che scavalca una trincea fatta di sacchi. Sono corsa in casa. Mi sporcavo di sangue e di rabbia. M'esaltava l'impotenza. Il bruciore dei ginocchi. Mi sono diretta in camera sbraitando. Sono andata a tirar fuori la scatola. La scatola era un parallelepipedo verde. C'era dello spago a sigillarne il coperchio. Non l'aprivo da anni. L'avevo portata con me scappando dalla zia con la sclerosi multipla. Era dentro un cassetto. L'ho aperta. C'erano le foto che m'avevano scattato alla cresima. Ne ho scelta una. A colori. Quella più grande. Quella arrotolata. Con l'elastico. A grandezza naturale aveva detto il fotografo. Potrai incorniciarla. Pensarla un riflesso. Avevo le spille a tenermi i capelli incollati alle tempie. Un mezzo sorriso distorto. L'ho portata allo specchio. Mi controllavo. Cercavo le differenze. Cos'era successo. Le varie modifiche. Cos'era cambiato. Cosa aveva portato la crescita. Non sopportavo nulla di ciò che era diverso. Mi rivolevo così. Identica. Avrei voluto andare da un chirurgo plastico e farmi rifare ogni cosa. Come nella foto. Uguale in ogni più piccolo dettaglio. Mi detestavo. Perché non si può decidere quando fermarsi. Sono andata rabbiosa alla finestra. Mi sono nascosta dietro la tenda a spiarli. Guardavo la puttanella coi nastri ai capelli. Gli stava addosso. Dovevi vederla. Gli si appoggiava sul fianco quasi fosse il suo cane al guinzaglio. La cagna in calore che aspetta d'essere morsa sul collo. Quanto ero gelosa di quell'incantesimo tutto di zucchero! Pensa a me in quella casa del cazzo. C'era la giacca di Gianmaria sul divano a ricordarmi che prima o poi l'avrei visto. Sarebbe tornato anche in quel giorno. Composto. Un fazzoletto da tasca sporco di muccioli. Se lo pensavo mi veniva da piangere. La sua calma nell'affrontare la quiete della tempesta. Lui sapeva morire benissimo in ogni momento. Riusciva benissimo a essere morto. Non gli mancava mai nulla e se gli mancava faceva finta mancasse a un altro. Se pensavo guardando Matteo giocare a fare l'innamorato di sotto che Gianmaria sarebbe tornato mi sarei presa a botte. Dovevo affrontarlo. Mollarlo. Quanta fatica dio cristo. Mi veniva uno sconforto profondo. Un solco di cui la fine non riesci a raggiungere. Stavo appostata. Di sbieco come una gonna. Li spiavo. Coglievo le sfumature d'ogni intento in ogni mossa. Le modificavo. Ci mettevo la perversione a cambiargli la forma. Lui che le tirava i capelli. Voleva tirarle il pelo della fica. Lei che gli leccava l'orecchio. Voleva leccargli il cazzo. Lui che le strappava un fiocchetto. Voleva strapparle le mutande. Lei che gli stringeva la testa con le mani. Voleva stringergli le palle con le mani. Lui che le dava una spinta. Voleva infilarglielo dentro. Lei che gridava. Voleva gridare un amplesso. Impazzivo. Me l'accarezzavo con l'indice. Ero piena di rabbia. Mi usciva dagli occhi. Più li guardavo più mi sentivo una vecchia. Un catorcio senza speranza. Senza più eventi esaltanti. Correvo allo specchio. Tornavo alla finestra impazzendo. Adesso lo bacio. Io sono il ranocchio. Lo bacio ed esco dal maleficio di quest'incantesimo. Lo bacio e ritorno bambina. Lo bacio e vivo in modo diverso. Si salutavano. Alle sei e mezza lo facevano sempre. Lei scappava ridendo. Prendeva la bicicletta. Il cielo azzurrissimo. Matteo rientrava dopo qualche secondo. Angelica vai a fargliela pagare a quello stronzo. Lui non sa quanto ti sei presa a pugni. Quanto lo hai desiderato. Quanto hai sofferto. Deve smetterla di rimanere inconsapevole. Azzannalo.

Mi sono preparata all'attacco. Ho atteso con calma da terremoto dovunque. Volevo assalirlo. L'ho visto incamminarsi verso l'ingresso. Quello era il momento propizio. Gli avrei dato giusto il tempo di salire quei gradini indispensabili per renderci invisibili all'esterno. Mi sono pettinata i capelli. Poi le scale di fretta. Due scalini alla volta. Tre scalini alla volta. L'affanno. L'ignoto. Il buio. Nessuno. Solo uno spazio che corre. E puoi tutto. E puoi niente. E sei tutto. E sei niente. Un suicidio. Lo sai che sei un kamikaze ma sai anche che non lo sei per niente. Può succedere tutto. Può non succedere niente. Vittoria. Sconfitta. Non te ne frega di un cazzo. Devi farlo e non sai chi te l'ha detto. Devi farlo per forza. Non lo hai promesso a nessuno. Lo hai promesso a una folla. Sei pazza. La pazzia non esiste. Ti ferirai a morte. Resusciterai dalle ceneri. Non so con precisione dov'ero mentre mi precipitavo all'ingresso. Precipitavo. Un aereo colpito dai missili. Mi mancava la botta. L'esplosione a uccidermi. Cento paracadute sul corpo. Posso salvarmi. Atterrare sull'erba. Sentirmi invincibile. Era davanti. Ignaro. Nella penombra. All'improvviso l'ho visto. Me ne stavo immobile col mio vestito da sera. La faccia sporca di sangue. Di trucco. Lo guardavo come si guarda la vittima a cui sparerai in testa. A cui vibrerai il colpo. Il grilletto. Il coltello. La scure. Le forbici. Le mani sul collo. L'impatto. Mi stava tremante davanti. Quasi lo sapesse che qualcosa avrei fatto. Chissà com'erano i miei occhi. Cosa c'era là dentro. La pazzia che paralizza. Se ti muovi t'ammazzo. In questo momento sono una lampada abbronzante. Se ti muovi mi rompi. Se mi rompi t'ammazzo. Mi sentivo una lampada abbronzante. Quella lampada abbronzante. Ero chiusa nel salotto. Lui era entrato pur non potendo. Se ti muovi t'ammazzo. S'è mosso. L'ha fatto. Gli sono saltata addosso. In questo ho un vantaggio. Sono più grossa di te. Sei piccolo. Sono più forte di te. Sono una donna che quando sta male diventa fortissima. Ti schiaccio come una mosca se ti allontani di nuovo. Tu non lo sai ma lo hai sempre fatto. Ti allontanavi ogni volta. Ti rincorrevo. Quanta fatica. Sconforto. Disperazione non poterti mai avere. L'ho aggredito di scatto. L'ho buttato contro il muro. Gli tenevo i polsi stretti. Gli violentavo le labbra. Mi spingeva. Rifiutava. Continuavo imperterrita. Prendila tutta questa mia lingua. Dài forza bastardo. Ti desidero da starci male. Ti desidero così tanto da non volermi. Voglio essere te. Solo te. Voglio prenderti il posto. Bevila tutta questa sborra che ho in bocca. Dammi un po' delle tue labbra. La gola. Voglio anche quella. Stai fermo. È stata una lotta. Gli ho morso la guancia. Dài bacia questo ranocchio. Trasformami. Fammi entrare. Stare dentro. Io ti posseggo. Mi ha tirato uno schiaffo. È scappato piangendo. Frignava quel pollo. Vai a fanculo moccioso testa di cazzo!!! L'ho urlato battendo contro il muro la testa. Ho continuato a rifarlo. La fossa. Nel baratro. Io dentro. Defunta.

Di quel bacio che ho rubato sulla porta. Della vergogna che ho provato non mi dico nulla. La trentenne devastata dalla voglia di rifarcela. Di rivivere i suoi anni. Quelli ingenui e tenerezza. Alla fragola e pistacchio. Mai assaggiati. Mai donati. Mai vissuti. Mai mangiati. Almeno uno. Solo mezzo. Almeno un angolo. Un centimetro. L'essenza. Almeno quello. L'accenno di uno scarto. Il rimasuglio. Quello perso dalla bocca di chiunque. Masticato. Rovinato. Fatto a pezzi. Devastato in mezzo all'abbondanza di chi d'infanzia ne ha anche troppa. Collezione di dettagli-tenerezza. Di vacanze con la mamma. Del papà che t'accarezza. Di natali tutta panna. D'amorini adolescenti. Di rincorse in mezzo a campi di purezza. Di pomeriggi leggerissimi e cullanti. D'incoscienza. Delle favole dei principi. Di castelli dentro ai boschi. Dell'incanto. Dell'inconsapevolezza. Di quel bacio che ho rubato sulla porta. Delle labbra che ho azzannato. Della lingua. Delle braccia. Gliele ho strette in una morsa. Con le dita ho intrappolato la sua carne. Dài rimani gli dicevo coi miei occhi. Dài riportami in quel punto. Quello che attraversi senza vento in quest'istante. Dài insegnami a tornare dove ho perso. Dài insegnami a ripulire da questo grasso sporco la mia mente. A fanculo questo cazzo di schifezza. Dài ribaltami. Scaraventami là in fondo. Credo d'amarti in maniera perversa. Credo sia odio fortissimo. Solo ora ci penso pensandoti. Credo lo sia stato da sempre. Un odio incredibile. Ti odio così tanto che potrei ucciderti. Ti ho odiato da subito. Dal primo momento. Dal giorno sulle scale. Della palla. Di Gianmaria che controllava ogni mossa. Spostamento. Era odio all'ennesima potenza. Era odio che colma una voragine. Ti detesto. Ti detesto. Sei felice. Ti detesto. Vorrei prenderti a mazzate. Colpirti senza sosta. Farti fuori. Sparare dal terrazzo. Colpire te e quella vacca della tua fidanzatina tutta in erba. Mi prende allo stomaco la vista del vostro amoreggiare così ingenuo e zuccherino. Quei bacetti sulle guance. Le schermaglie-desiderio. Vi vorrei far scopare qui davanti. Colpirvi con la frusta. Devastarvi la purezza. Brutti stronzi. Siete in quell'inizio mai assaggiato. Non sapete nulla della fine che conosco. Del mio letto con la tenda. Della zia sempre viva e moribonda. Della puttana d'inserviente maledetta. Delle notti soffocanti. Dell'abbandono del mio papà. Della mia mamma. Dell'essere sola tra la folla. Dell'essere folla dentro il corpo. Nessuno spazio a contenerti. Del ritrovarsi con un uomo che non vuoi neppure in lontananza. In questa casa fredda e senza gusto. In questa pelle calda che nessuno mai accarezza veramente. In questo non amore per chiunque perché ho disimparato a illudermi. Perché sono tutta pornografica. Perché non mi desidero per niente e avrei voluto essere te stesso e perdermi del tutto. Dimmi adesso cosa faccio. Dimmi adesso quale alternativa disarmante può allettarmi. Quale sentimento può far nascere quella cosa rossa che ora batte solo per spavento. Di sapermi già alla fine. Di sapere che l'inizio mi è stato sottratto senza grazia da una dirompente consapevolezza. Di sapere che ora basta adesso mollo. Ho provato a desiderare d'esser folle. Arrampicata come un ragno sull'inchiostro. Addirittura pensavo di riuscire. Di donarmi la salvezza. Il sogno insano che t'afferra dalle tenebre. L'irragionevolezza. Posso vivere sei volte. Riciclarmi. Innamorarmi del bambino che m'esalta. Entrarci almeno con la coda in quell'universo divertente. Che non chiede nulla. Solo crescere con calma. Lentamente. Tra le lussurie dell'ingenuo. Tutto il resto. Io rimango. Nella merda. In questa vita disgustosa. Potentissima. Una lancia conficcata nel deserto. E ti òdio ancora. All'ennesima potenza. Quasi un fulmine che squarcia. Quella luce a devastarti. La distanza che ci tiene è un laccio che stringe. Sono dall'altra parte diversissima. Due estremità che non si lasciano. E lo so che non riuscirò a dimenticarti perché nasco dal tuo opposto. Una condanna. Sei la rappresentazione della mia mancanza. Posso solo guardarti mentre vivi la mia vita e stare ferma. Solo questo. Gianmaria messo al fianco a ricordarmi cosa sono davvero. Una donna. Senza niente. La sconfitta. Il nascondiglio. La rinuncia. Bara in cui ficcarmi aspettando mi si decomponga il lineamento. Ho cercato di imparare a morire sapendo di non essere mai nata veramente. Ho cercato di non aver paura dell'annientamento. Non ci sono riuscita. Ora riesco.

Mettiti la faccia. Dài brutta stronza. Conficcatela contro. Dio cristo fallo adesso. Lo sto facendo stai calma. Con chi parli. Con chi stai parlando. Sei sola. Non c'è nessun altro. Parlo con lei. Lei mi ascolta. Angelica piccola è qui presente. Sono con lei. Lei mi è addosso. Sul petto. Le sto parlando. Mi sta scopando. Non vedi che occhi. Non vedi quanto mi guarda. C'è troppo silenzio. C'è sempre. Mi fa male tutto. Smettila adesso di compatirti. Stai zitta altrimenti non sento. Chi devi sentire. Angelica piccola. Devo ascoltarla. Mi parla. La metto. Stai calma. La sposto. Vattene cazzo ti supplico. C'è troppo silenzio non sento. Se te ne vai posso capirla. Parla fortissimo. Ora urla. Sì dimmi Angelica piccola sono quell'altra. Quella venuta dopo di te. Quella che ti ha strangolato ogni volta. Che non ti ha dato nessuna scelta. Solo corromperti. Vivere niente. Stuprarti e strapparti le bambole. Quanto mi manchi. Quanto mi manchi. Dio cristo quanto mi manchi. Ora che sei tornata voglio indossarti. Sei qui davanti. La tua faccia. Solo quella. La tua faccia di carta. Ti sto ritagliando. Bucando le tempie. C'infilo un elastico. Piccoli nodi da un capo all'altro. Ora sei qui. Sei la mia maschera. Vedi ritorni. Dài soffocami. Nascondimi questo viso che troppo conosco. Sovrastami. Cancellami. Cancellami. Una sostituzione senza bisturi. Una chirurgia che s'incolla. Ti ho cercata in qualcun altro. Sei la bambina. Non potrò mai più toccarti. Ti hanno strappata da me. Ti ho strappato le bambole. Mi manchi. Mi manchi. Devo ammazzarti. Sapere che sei sotto terra. Devo strangolarti per davvero questa volta. Sapere che è finita. Che non potrò mai più cercarti. Sono grande capisci. Un'adulta. Non avrò indietro più niente. Non piangere. Fanculo non farlo. Abbracciami il volto.

Il suo ovale di carta. Angelica piccola. Un elastico a tenerlo sul mio. Premuto contro. Due fori nelle pupille per vedermi riflessa. E quelle stanze erano il deserto. E c'era sabbia sollevata dal vento. E c'ero io con le mani nei capelli a distruggerla. Mi ero spogliata per bene. Solo lei sulla pelle. Ferma davanti allo specchio del bagno. Nient'altro. Perché nient'altro c'è che una donna davanti a se stessa. Continuamente. E come sempre avrei voluto. Avrei voluto di tutto. Nient'altro.

È arrivato Gianmaria. Alle otto di sera. Aveva il cappello di paglia. Ha detto ho prenotato al ristorante. Si è girato e l'ha detto. Stavo in poltrona. Si è girato e l'ha fatto. Baciarmi sul collo. Mi sono girata e l'ho fatto. Negargli l'abbraccio. Non sarai più la mia tomba. Non gliel'ho detto. Non rimarrò qui un altro giorno. Non gliel'ho detto. Devi odiarmi come sto facendo. Non gliel'ho detto. Si è girato e l'ha fatto. Sorridermi. Mi sono girata e l'ho fatto. Guardare dall'altra parte. Si è girato e l'ha detto. Ho molta fame. Mi sono girata e l'ho detto. Io no. Siamo usciti. Hai aperto la porta e l'hai fatto. Guardarmi. Così. Ero già fuori. C'erano passanti. Lo sai ti odio. Non sembravi sorpreso. Quasi avessi detto lo sai ti amo. Avrei potuto gridare lo sai ti uccide. Lo sai ti amo. Lo sai certe volte vomito al pensiero d'averti addosso. L'odore del tuo cazzo. Tutte le volte che non vuoi andartene. Quando mi stringi troppo. Vattene. C'erano passanti. Avrei voluto essere uno di loro. Non conoscerti. Proseguire oltre. Lasciarti sul marciapiede. Respirare. Ti avvicinavi alla macchina. Mi facevi salire. La coppia di sera verso il ristorante peggiore. Ghigliottina. La strada illuminata dai fari.

L'asfalto illuminato da noi. Semaforo. Bacio. Il profumo del tuo collo m'impicca. Mi guardi. Ti giri e lo fai. Mi giro e lo faccio. Guardo. Ti guardo. Lo sai ti odio. Ridi. Hai riso. Pensi sia divertente. Hai pensato così. La pazza che ami vuole farti divertire. La solita strada davanti. Ristorante troppo lontano. Sempre distante. Ti senti in gita. Accendi la radio. L'hai accesa. Musica stupida. Ritornello. Muovi la testa. Canticchi. Spensierato. Fai pena. Mi facevi schifo. Tristezza. Qualcos'altro d'orribile. Povero illuso. Scemo. Ci sono autostoppisti sulla destra. Due maschi. Giovani uomini. Ragazzi. Neri. Dico fermati. Ridi. Ridi molto. Grido fallo. Fermati subito. Sei tutta matta. Siamo in ritardo. Ho fame. Fermati. Fermati o mi butto. Freni. Torni indietro. Dici ok. Retromarcia. Contenta adesso? Spalanco la portiera. Ciao ragazzi un passaggio. Angelica stai esagerando. Smettila. Andiamocene. Non ho intenzione di fare salire nessuno. Dico prego riusciamo a darvi uno strappo. Angelica inizio ad arrabbiarmi. Salgo dietro. Dico uno può venire con me. L'altro davanti. Scendi dall'auto. Batti pugni sul mio finestrino. Adesso basta. Sale dietro il primo. Imprechi. Cammini avanti e indietro. Cammini male. Non hai classe. Mai avuta. Sempre saputo. Sale il secondo davanti. Ci guardi perplesso. Arrabbiato. Stupito. Torni alla guida. Testa tra le mani. Incredibile. Sussurri questo. Mi osservi. Più che mai straniero. Mi fai sentire morta. Una sedia che aspetta. Urli scendete dalla macchina. Anche tu. Sei pazza. Sei stronza. Sono troia. Sono bagnata. Sono in calore. Ho voglia. Ho voglia. Amami. Era buio. Dappertutto. L'ho tirato fuori al negro. L'ho succhiato al negro. Era duro. Mi hai preso per i capelli. Puttana. Succhiavo. Ho alzato gli occhi un solo istante. Vederti immobile. Terrorizzato. Fottiti. Sto male. Il negro mi ha preso a schiaffi. Non siamo stati mai innamorati. Non ho amato nessuno. Mi sento sola. Sperduta. Smarrita. Vorrei mi aiutassi. È buio. Siamo soli. Deserto. Insulti i ragazzi. Brutti bastardi. Li chiami così. Iniziano a picchiarci. Sei a terra dietro la macchina. Ti prendono a calci. Non so che fare. Sto male. Sangue. Schiaffi. Dicono puttana bianca. Mi alzano la gonna. Strappano. Entra dentro. Mi fotte. Mi sbatte. Cofano contro il ventre. Urli ma non puoi fare niente per me. Sei in ginocchio. Calci allo stomaco. La radio accesa. Volume altissimo. Sapevo sarebbe successo. Un anno fa. Non ti ho più rivisto. Credo sia la cosa migliore rimanere lontani ora. Per sempre.

Isabella
SANTACROCE

NELLA PICCOLA BIBLIOTECA OSCAR

LOVERS

Una storia d'amore e d'amicizia che dura lo spazio di una stagione: la lunga estate di Elena e Virginia, diciottenni che imparano lo strazio di vivere. Un romanzo lirico e aspro, morbido e tagliente, da una delle autrici di maggior talento e sensibilità del panorama contemporaneo.

(n. 294), pp. 126,
cod. 450581, € 7,40

«Revolver»
di Isabella Santacroce
Piccola Biblioteca Oscar
Arnoldo Mondadori Editore

Questo volume è stato stampato
presso Mondadori Printing S.p.A.
Stabilimento NSM - Cles (TN)
Stampato in Italia - Printed in Italy